Rübe
&Quitte

Rübe &Quitte

100 Rezepte für alte Obst- und Gemüsesorten

Bérengère Abraham
Fotos Valérie Lhomme

CHRISTIAN

INHALT

VERGESSENE SCHÄTZE AUS DEM GEMÜSEGARTEN

Schon seit einigen Jahren wachsen Nachfrage und Interesse an alten Gemüse- und Obstsorten – eine Wiederentdeckung, die immer wieder mit Überraschungen aufwartet. Ob sie nun von weit her kommen oder ob man sie einfach nur als „ungenießbar" abgestempelt hatte, all diese in Vergessenheit geratenen Wurzeln und Knollen, Salate, Kürbisse oder bizarr geformten Zitrusfrüchte können nicht nur auf eine lange Geschichte zurückblicken, sie sind vor allem eine geschmackliche Offenbarung.

Was könnte spannender sein als die Wiederentdeckung von Obst- und Gemüsesorten, die schon unsere Vorfahren oder ausländischen Nachbarn aßen? Oder zu erfahren, dass die Karotte ursprünglich gar nicht orangefarben war, dass es auch eine Gelbe Bete gibt und dass die Haferwurzel eigentlich eine Schwarzwurzel ist?

Man kann diesem Gemüse, das – zu Recht – groß in Mode gekommen ist, einfach nicht widerstehen. Vergessen Sie, was Ihnen Ihre Großmütter über die Topinambur und Steckrübe erzählt haben, und passen Sie sie dem Geschmack der Zeit an! Entdecken Sie die unwahrscheinlichsten Gemüse wie Sauerkleewurzeln oder blaue Trüffelkartoffeln und genießen Sie grüne Tomaten, violette Karotten oder gelbe Weiße Rüben!

Nehmen Sie Ihren Einkaufskorb und halten Sie auf dem Markt Ausschau danach, was die Jahreszeiten so an alten Obst- und Gemüsesorten zu bieten haben. Denn ihren vollen Geschmack entfalten diese Schätze nur während der Saison. Kaufen Sie im Sommer schöne rote und fleischige Tomaten. Kochen Sie im Herbst Kürbisse – die Sortenvielfalt ist geradezu unüberschaubar und eine ist so köstlich wie die andere. Wärmen Sie sich im Winter mit einer leckeren Suppe aus Wurzelgemüse. Und genießen Sie im Frühling das zarte, knackige junge Gemüse.

Lassen Sie sich von der Formen-, Farben- und Geschmacksvielfalt verführen und greifen Sie ruhig hemmungslos zu, damit diese herrlichen Früchte und Gemüse nie wieder in Vergessenheit geraten!

77 alte Gemüse

und Obstsorten

WURZELGEMÜSE

Pastinake

Die Pastinake, die ein wenig an eine große weißliche Karotte erinnert (mit der sie auch verwandt ist), ist auf dem Teller immer für eine Überraschung gut. Im Mittelalter noch viel gegessen, wurde sie später durch die Kartoffel verdrängt.

Die Pastinake hat einen ausgeprägten süßlichen Geschmack und eignet sich hervorragend für Pürees, Ragouts und Eintöpfe. Pastinaken haben vom Frühherbst bis zum Ende des Winters Saison.

Sonnenwurzel

Die Sonnenwurzel, eine Verwandte des Topinamburs, war ursprünglich in Nordamerika und vor allem in Kanada beheimatet. Im Geschmack erinnern die langen, spindelförmigen Wurzeln mit der weißlichen Schale ein wenig an die Haferwurzel (s. S. 16).

Sonnenwurzeln kann man kochen, braten oder als Gratin zubereiten. Sie können aber auch roh gegessen werden. Sonnenwurzeln haben vom Frühherbst bis zum Ende des Winters Saison.

Steckrübe

Die Steckrübe stammt ursprünglich aus Nordeuropa und war lange als „Kriegsgemüse" verpönt, obwohl diese Kreuzung aus Weißer Rübe und Kohl ein ausgesprochen zartes, schmackhaftes Fruchtfleisch hat.

Die Schale ist beige mit einem violetten oder grünen Kopf. Das Fruchtfleisch ist gelb oder weiß. Zubereitet wird die Steckrübe wie die Weiße Rübe. Sie wird zwischen September und März angeboten.

Topinambur

Die große, dunkelrote, spindelförmige Knolle wird auch Jerusalemartischocke genannt. Ursprünglich in Nordamerika beheimatet, gelangte sie im 17. Jahrhundert nach Europa. In Frankreich ersetzte sie während des Zweiten Weltkriegs die Kartoffel, wurde nach dem Krieg aber wieder von ihr verdrängt, weil man damit stets die Erinnerung an diese Zeit der Entbehrung verband.

Der ein wenig an Artischocken und Haselnüsse erinnernde Geschmack macht den Topinambur zum Star unter den alten Gemüsesorten. Topinambur ist ein Herbst- und Wintergemüse, das man zumeist gekocht, als Salat, Suppe oder gebraten isst.

Karotten

OBWOHL DIE KAROTTE AUS UNSERER KÜCHE NICHT WEGZUDENKEN
IST, VERGISST MAN HÄUFIG, WIE GROSS DIE SORTENVIELFALT IST UND
DASS ES DIESES HERRLICHE, WUNDERBAR SÜSSE GEMÜSE IN DEN
ERSTAUNLICHSTEN FARBEN GIBT. DIE FRÜHSORTEN SIND AB APRIL
ERHÄLTLICH, DIE SPÄTSORTEN GIBT ES DAS GANZE JAHR.

Maestro

Orangefarbene Karotten kennt man seit
dem 16. Jahrhundert. Es soll sich dabei
um eine Mutante der gelben und weißen Karotte handeln. Diese alte Sorte
hat ein orangefarbenes Fruchtfleisch
und zeichnet sich durch einen milden,
süßlichen Geschmack aus.

Nutri Red

Diese amerikanische Varietät hat ein him-
beerfarbenes Fruchtfleisch. Sie ist mild im
Geschmack und man isst sie am besten gekocht.

Yellow Stone

Aus England stammt diese besonders süße
goldgelbe Sorte. Sie ist sehr fruchtig im
Geschmack und eignet sich auch gut zum
Rohverzehr.

Purple Haze

Das orangefarbene Fruchtfleisch unter der violetten Schale schmeckt süßlich. Es darf nur kurz gekocht werden, sonst verliert es seine Farbe.

Pariser Karotte

Die kleine runde Karotte hat ein besonders süßes orangefarbenes Fruchtfleisch und ist aufgrund ihrer Form sehr einfach zuzubereiten.

Purple Dragon

Eine amerikanische Sorte mit purpurroter Schale und orangefarbenem Fruchtfleisch. In Scheiben geschnitten entfaltet sich ihr würziger Geschmack am besten.

White Satin

Die lange weiße Karotte mit dem knackigen Fruchtfleisch zeichnet sich durch eine besonders gute Lagerfähigkeit aus.

Petite Chantenay

Das Fruchtfleisch dieser alten Sorte mit breitem Kopf und konischer Form ist außerordentlich fein und süß.

Knollenkerbel

Mit seiner gedrungenen Form und der erdverkrusteten Schale sieht der Knollenkerbel zwar nicht gerade appetitanregend aus, doch nach dem Schälen und Kochen ist das Fruchtfleisch butterzart, aromatisch und leicht süß. Der Knollenkerbel ist ein Herbst- und Wintergemüse und muss vor dem Verzehr gekocht werden.

Wurzel-petersilie

Die Wurzel der Petersilie sieht aus wie eine lange weiße Karotte und kann auch sehr leicht mit der Pastinake verwechselt werden. Ihr süßer, an Haselnüsse erinnernder Geschmack wird Sie verblüffen. Wurzelpetersilie hat im Herbst und Winter Saison.

Beten

DIE FRÜHSORTEN WERDEN BEREITS IM SPÄTFRÜHLING ANGEBOTEN.
BETEN SIND GUT LAGERFÄHIG UND DAHER AUCH IM WINTER ERHÄLTLICH. MAN
KANN SIE ROH ESSEN, KOCHEN, DÄMPFEN ODER RÄUCHERN.

Forono

Diese Rote Bete mit relativ glatter Schale und länglicher Form soll ursprünglich in Indien und im Mittelmeerraum beheimatet gewesen sein. Beten kannte man jedoch auch schon im alten Ägypten, und es gibt sogar eine Sorte mit dem Namen „Ägyptische Plattrunde".

Crapaudine

Diese alte französische Sorte soll aus einer italienischen Bete hervorgegangen sein. Sie hat eine längliche Form und ein tiefrotes Fruchtfleisch und schmeckt vorzüglich, wenn man sie langsam im Ofen gart oder mit Büffelmozzarella serviert.

Tonda di Chioggia

Diese Bete hat ein hübsches, rot-weiß gestreiftes Fruchtfleisch, das überdies besonders zart ist.

Burpee's Golden

Diese gelbfleischige Bete – eine Züchtung aus dem Jahr 1825 – ist besonders süß im Geschmack. Die jungen Blätter können wie Spinat zubereitet werden.

Albina Vereduna

Unter der dicken Schale dieser vermutlich aus Holland stammenden weißen Bete verbirgt sich ein süßes, kompaktes Fruchtfleisch.

Knollenziest

Ein recht seltsames Gebilde ist er schon, der Knollenziest. Fast könnte man meinen, man hätte es mit dicken Raupen zu tun. Die kleinen Wurzeln mit den Einschnürungen waren ursprünglich in Japan und China beheimatet und gelangten im späten 19. Jahrhundert nach Frankreich. Egal, wie man sie zubereitet, sie bewahren stets ihren feinen Geschmack, der ein wenig an Artischocken erinnert, und ihr zartes, knackiges Fruchtfleisch. Die Schale der spindelförmigen Knollen lässt sich am einfachsten entfernen, wenn man sie mit Salz in einem Geschirrtuch abrubbelt. Knollenziest wird im Herbst und Winter angeboten.

Schwarzwurzel und Haferwurzel

Schwarzwurzeln und ihre weißlichen Verwandten, die Haferwurzeln, sind auf den Märkten kaum noch anzutreffen, was im Falle der Schwarzwurzeln nicht zuletzt daran liegt, dass das Schälen der dünnen schwarzen Stangen eine mühsame Angelegenheit ist, bei der man sich die Hände ziemlich schmutzig macht. Deshalb sollte man dabei am besten Handschuhe tragen, denn das weiße Fruchtfleisch, das sich unter der unansehnlichen Schale verbirgt, entschädigt in jedem Fall für die Mühe. Heute werden die bereits geschälten Wurzeln zumeist als Konserven in Dosen und Gläsern angeboten.

Weiße Rüben

WEISSE RÜBEN WERDEN DAS GANZE JAHR ÜBER ANGEBOTEN; DIE
FRÜHSORTEN KOMMEN BEREITS IM APRIL AUF DEN MARKT.

Rübe aus Pardailhan

Unter der schwarzen Schale dieser langen Weißen Rübe
verbirgt sich ein zartes, schmackhaftes Fruchtfleisch
mit leichter Haselnussnote. Die Rübe, die in Südfrank-
reich kultiviert wird, ist auch unter dem Namen „Lange
Schwarze aus Calluire" zu finden.

Boule d'Or

Ihren Namen verdankt die „Goldkugel" ihrer runden
Form und der goldfarbenen Schale, die ein zartes,
süßes Fruchtfleisch umschließt. Da die Schale nach
dem Kochen etwas bitter schmeckt, empfiehlt es sich,
die Boule d'Or vor der Zubereitung zu schälen. Die
Rübe ist seit Langem in Holland bekannt, und schon
die flämischen Maler haben sie in ihren Gemälden
verewigt.

Manchester Market

Wie schon ihr Name verrät, stammt diese runde,
leicht abgeflachte Weiße Rübe mit dem grünen Kopf aus England. Das feste weiße Fruchtfleisch eignet sich hervorragend für Ragouts
und Suppen.

Knollige Kapuziner- kresse

Diese krautige Pflanze war ursprünglich in den Anden beheimatet. Essbar ist nur die violette Wurzel. Isst man sie roh, fällt ihr etwas pikanter Geschmack auf, der sich beim Kochen allerdings verliert. Die Knollige Kapuzinerkresse kannte man bereits etwa 5000 Jahre vor Christi Geburt. Zubereitet wird sie wie die Kartoffel, Erntezeit ist zu Beginn des Winters.

.

Sauerklee- wurzel

Die kleine spindelförmige Knolle ist auch unter dem Namen Peruanischer Sauerklee bekannt. Sie kann eine weiße, gelbe, rote oder violette Schale haben. Der Geschmack ähnelt dem der Kartoffel, ist allerdings ein bisschen säuerlicher, weshalb man sie vorzugsweise gekocht isst. Damit sie ihre Farbe behält, darf sie jedoch nicht zu lange gekocht werden. Sauerkleewurzeln haben im November und Dezember Saison.

Rettiche und Radieschen

Violetter Rettich aus Gournay

Die Heimat dieses violetten bis dunkelblauen Winterrettichs ist Europa und Westasien. Das zarte Fruchtfleisch ist relativ mild im Geschmack.

Rotes Europäisches Radieschen

Das große runde Radieschen hat eine leuchtend rote Schale und ein blüten-weißes, etwas pikantes Fruchtfleisch. Es kommt zu Beginn des Frühjahrs auf die Märkte.

Hilds Blauer

Dieser länglich ovale deutsche Win-terrettich hat eine zartviolette Schale und ein zartes, festes, leuchtend wei-ßes Fruchtfleisch mit herzhaftem Geschmack.

Schwarzes Radieschen

Die kleine Verwandte des schwarzen Gartenrettichs hat ein blütenweißes, sehr schar-fes Fruchtfleisch.

Green Meat

Der grün-weiße Winterret-tich war ursprünglich in China beheimatet. Das saftige Fruchtfleisch ist mild im Geschmack und schmeckt vorzüglich geras-pelt und mit einer Vinai-grette angemacht. Die Sorte wird von Japan importiert und von dort aus unter dem englischen Namen in die ganze Welt exportiert.

Roter China-Rettich

Das längliche Radieschen mit leuchtend roter Schale und scharfem Fruchtfleisch wird roh und gekocht verzehrt.

Kartoffeln

FRÜHKARTOFFELN KOMMEN BEREITS AB MAI AUF DIE MÄRKTE UND KÖNNEN IN
DER REGEL BIS ZUM ENDE DES WINTERS GELAGERT WERDEN.

Belle de Fontenay

Diese festfleischige französische Kartoffel ist eine der ältesten
Sorten überhaupt. Das außerordentlich schmackhafte dunkel-
gelbe Fruchtfleisch macht sie zu einer der beliebtesten Sorten.
Am besten kommt der leicht haselnussartige Geschmack zur
Geltung, wenn man sie nur mit etwas nativem Olivenöl genießt.

Vitelotte

Farbe auf den Teller bringt diese mittelgroße
Kartoffel mit schwarzer Schale und violettem
Fruchtfleisch, die sich ebenso gut für Pürees
wie für Salate eignet.

King Edward VII

Diese festkochende englische Sorte mit der rot
gepunkteten Schale schmeckt vorzüglich, wenn
man sie lauwarm, in Scheiben geschnitten, mit
einem Salat genießt.

La Ratte

Diese kleine, dünnschalige französische
Kartoffel zeichnet sich durch ein festes,
besonders schmackhaftes Fruchtfleisch aus.
Man kann sie mit der Schale im Ofen garen,
zu Püree oder Pommes frites verarbeiten.

KOHL

OB BLUMENKOHL, ROMANESCO, KOHLRABI, SPITZKOHL ODER WIRSING – KOHL
IST EIN EINZIGARTIGES GEMÜSE. DIE AUSSAAT ERFOLGT ZWISCHEN
OKTOBER UND MÄRZ, GEERNTET WIRD OFT BEREITS IM FOLGENDEN FRÜHJAHR.

Kohlrabi

Bei der Kohlrabiknolle handelt es sich nicht um eine Wurzel, sondern um die verdickte Sprossachse der Pflanze. Man findet sie in Grün oder Violett, und es gibt sogar weiße Sorten. Kohlrabi eignet sich auch zum Rohessen und schmeckt vorzüglich, wenn man ihn in dünne Scheiben schneidet und mit einer Vinaigrette als Salat zubereitet. Die Kohlrabisaison beginnt im April und endet im Spätherbst.

Romanesco

Diese alte Varietät des Blumenkohls stammt aus Italien, genauer gesagt aus der Gegend um Rom. Daher auch der Name. Der leuchtend grüne pyramidenförmige Kopf besteht wie der Brokkoli und der Blumenkohl aus vielen zarten Röschen. Der Romanesco ist ein Sommerkohl und wird zwischen Juni und September angeboten.

Chou de Pontoise

Beim Lieblingskohl der Pariser Küchenchefs handelt es sich um eine Varietät des Wirsings. Die violett angehauchten Blätter schmecken leicht nach gerösteten Haselnüssen. Damit das Aroma nicht verloren geht, sollte man sie nur kurz kochen. Der Chou de Pontoise ist ein Winterkohl, den man zwischen Oktober und März auf den Märkten findet.

TOMATEN

ES GIBT HUNDERTE ALTER TOMATENSORTEN. DIE URSPRÜNGLICH
IN LATEINAMERIKA BEHEIMATETE FRUCHT GELANGTE
BEREITS IM 16. JAHRHUNDERT NACH SPANIEN UND ITALIEN.
DIE ERSTE IN ITALIEN KULTIVIERTE TOMATE WAR GELB,
WESHALB MAN IHR DEN NAMEN „POMODORO" – GOLDAPFEL – GAB,
UND SO HEISST DIE TOMATE IN ITALIEN BIS HEUTE.

Ochsenherz

Die große, gerippte Tomate hat ein leuchtend rotes Fruchtfleisch mit relativ
wenigen Kernen. Man findet sie heute fast in jedem Supermarkt. Das, was
dort als Ochsenherz verkauft wird, ist jedoch zumeist kein echtes Ochsenherz.
Das nämlich ist nur mittelgroß, eher glatt und leuchtend rot oder orangefarben. Doch wenn Sie im Sommer auf dem Markt die Augen offenhalten,
werden Sie bestimmt ein echtes Ochsenherz finden.

Andenhorn

Diese leuchtend rote, länglich geformte Tomate hat
ein festes, saftiges Fruchtfleisch, das nur wenige
Kerne enthält. Ein Sammler
brachte sie aus Südamerika
nach Europa. Sie eignet sich
hervorragend für Konfitü-
ren, Chutneys und Coulis.

Schwarze Krim-Tomate

Das Farbspektrum dieser Tomate reicht von dunkel-
grün bis dunkelrot. Das Fruchtfleisch hat eine ähn-
liche Farbe wie die Schale. Wegen ihres süßen Ge-
schmacks eignet sie sich besonders gut für Salate.

Berner Rose

Rosafarben ist nicht nur die Schale, sondern auch das Fruchtfleisch dieser hübschen runden Tomate, einer alten Schweizer Sorte. Wegen ihres festen, fruchtigen Fruchtfleisches eignet sie sich vorzüglich für Salate.

Green Zebra

Wie der Name vermuten lässt, hat diese kleine grüne Tomate dunklere grüne Streifen. Das zarte Fruchtfleisch hat einen säuerlichen Geschmack. Wie alle grünen Tomaten eignet sie sich hervorragend für Konfitüren – aber nicht nur dafür!

Längliche gelbe Cocktailtomaten

Neben den Cocktailtomaten, die man überall findet, gibt es auch ziemlich ausgefallene Sorten wie Black Cherries, Petits Moineaux, Poires Jaunes, Gold Nuggets oder Johannisbeertomaten. Greifen Sie also unbedingt zu, wenn Sie das Glück haben, diese Sorten zu finden, und machen Sie daraus einen bunten Salat.

Ananastomate

Das Farbspektrum dieser großen bauchigen Tomate reicht von gelb bis orange, ja, es gibt sogar mehrfarbige Früchte. Die Ananastomate ist außerordentlich aromatisch und schmeckt leicht säuerlich. Verwenden Sie sie am besten für einen Gazpacho oder einen Milchshake.

Rotes Basilikum

Violett, schwarz und grün sind die Blätter dieser Basilikumvarietät. Das großblättrige, ursprünglich in Indien und Südostasien beheimatete Rote Basilikum ähnelt im Geschmack dem herkömmlichen Basilikum, hat aber eine etwas pfeffrige Note. Wie herkömmliches Basilikum wird auch das Rote Basilikum für Salate, Pesto oder Suppen verwendet. Es hat im Frühjahr und Sommer Saison.

Zitronen-verbene

Die aromatische Pflanze ist in den Gärten eher selten anzutreffen. Das zarte Kraut mit dem feinen Zitronenaroma eignet sich zum Verfeinern süßer wie pikanter Speisen. Man kann daraus aber auch Liköre und Sorbets herstellen. Die Zitronenverbene hat im Frühjahr und Sommer Saison. Man kann sie auch trocknen und daraus einen Tee zubereiten.

Rosengeranie

Die Rosengeranie ist eine Duftpelargonienart (Pelargonium cupitatum. Zitronenpel. = P. eruspum) mit ausgeprägtem Rosenduft. Sie wird zur Herstellung ätherischer Öle kultiviert. Man verwendet die Blätter für Tees, zum Parfümieren von Sirups und alkoholischen Getränken oder Cremedesserts. Rosengeranien können im Frühjahr und Sommer gepflückt werden.

Ananassalbei

Der Ananassalbei ist eine Varietät des Salbeis, die ursprünglich in Mexiko beheimatet war. Die Blätter verströmen einen an Ananas erinnernden Duft und sind wie beim herkömmlichen Salbei mit einem leichten Flaum überzogen. Ananassalbei eignet sich zum Verfeinern von Salaten, für Tees, zum Aromatisieren von Sirup und gebratenen Früchten. Man findet ihn im Frühjahr und Sommer auf den Märkten.

Cardy

Der Geschmack der Cardy ähnelt dem der Artischocke. Gegessen werden meist nur die schmackhaften fleischigen Stiele. Das Gemüse wird ab dem Spätherbst und den ganzen Winter über auf den Märkten angeboten. Die Pflanze war ursprünglich im Mittelmeerraum beheimatet, wo man sie bereits im Mittelalter kannte. Während die Cardy in Spanien, Frankreich und Italien auch heute noch kultiviert wird, wird sie bei uns kaum noch angebaut.

Mangold

Im Unterschied zu seiner Verwandten, der Roten Bete, verwendet man beim Mangold nicht die Wurzelknollen, sondern die Blätter oder die Blattstiele. Die Stiele müssen vor der Zubereitung sorgfältig abgefädelt werden, bei den Blättern sollte man darauf achten, dass sie frisch und makellos sind. Mangold hat vom Frühjahr bis Oktober Saison.

Blattsalate

Mizuna

Diese Varietät des japanischen Senfkohls wird von April bis Oktober geerntet. Die dunkelgrünen Blätter haben Ähnlichkeit mit der Rucola und schmecken außerordentlich pfeffrig und würzig. Außer für Salate kann man sie auch zum Verfeinern japanischer Gerichte und von Brühen verwenden.

Eiskraut

Die säuerlich schmeckenden zartgrünen Blätter und Stiele der Pflanze sind mit durchsichtigen Blasen übersät, die wie Eiskristalle aussehen. Eiskraut wird roh gegessen und hat vom Frühjahr bis zum Frühherbst Saison.

Rote-Bete-Blätter

Die kleinen, ovalen, grünen oder purpurroten Blätter mit den roten Stielen schmecken köstlich als Salat und sind ein Farbtupfer in grünen Salaten. Der Geschmack ist erdig wie der der Roten Bete.

Brennnesseln

Brennnesseln sind verrufen, weil sie Hautreizungen verursachen. Doch mit ein bisschen Vorsicht kann man daraus eine herrliche Suppe zubereiten. Brennnesseln können im Frühjahr und Sommer gepflückt werden.

Portulak

Beim Portulak unterscheidet man den Winter- und den Sommerportulak. Während der Winterportulak kleine, schmale Blätter hat, die an langen Stielen sitzen und sich durch einen besonders milden Geschmack auszeichnen, hat der Sommerportulak dicke, knackige Blätter, die köstlich in Salaten oder zu Krustentieren schmecken.

Mönchsbart

Seinen Namen verdankt dieses Gemüse der Form seiner dunkelgrünen Blätter. Wegen ihrer Heilkraft wurde diese Wegerichart schon im Mittelalter geschätzt. Heute verwendet man sie für gemischte Salate.

Löwenzahn

Richtig gewürzt ist ein Salat aus knackigen Löwenzahnblättern eine Delikatesse. Die Blätter der „Pusteblume" können vom Frühlingsanfang bis zum Spätsommer gepflückt werden.

Wilde Zichorie

Die jungen Blätter der Pflanze, einer Verwandten des Chicorées, erinnern in der Form ein wenig an Löwenzahnblätter, sind aber länger und haben eine eher gelbliche Farbe.

KÜRBISSE

DIE VIELFALT DER KÜRBISSE IST RIESIG: ES GIBT GROSSE UND KLEINE,
ROTE, GRÜNE, GELBE … MANCHE ERINNERN IM GESCHMACK AN KASTANIEN,
ANDERE AN HASELNÜSSE. KÜRBISSE HABEN AB AUGUST
SAISON UND KÖNNEN DEN GANZEN WINTER ÜBER GELAGERT WERDEN.

Pâtisson

Der Pâtisson ist ein Gartenkürbis. Er sieht aus wie eine abgeflachte Blüte. Pâtissons können weiß oder grün sein und erinnern in Geschmack und Konsistenz an die Zucchini, weshalb man sie auch genauso zubereitet. Kaufen Sie möglichst kleine Exemplare, denn sie sind schmackhafter.

Spaghettikürbis

Der große, längliche Spaghettikürbis hat ein weißes, grünes oder gelbes, relativ dickes Fruchtfleisch, das nach dem Kochen in lange Fäden zerfällt und sich besonders gut für Pürees, Suppen oder Beignets eignet.

Patidou

Der Patidou, auch Sweet Dumpling genannt, ist ein kleiner, gedrungener, gerippter Kürbis. Die beigefarbene Schale hat grüne Längsstreifen. Das feine, cremige Fruchtfleisch schmeckt nach Muskat.

Longue de Nice

Diese Varietät des Moschuskürbis kann bis zu zehn Kilogramm schwer werden. Das zarte, aromatische Fruchtfleisch enthält so gut wie keine Kerne und kann auch roh genossen werden.

Butternusskürbis

Der längliche Kürbis mit der orangefarbenen Schale trägt den Namen „Butternuss" ganz zu Recht, denn das Fruchtfleisch ist außerordentlich zart, fast cremig, und schmeckt angenehm mild.

Pomme d'Or

Unter der harten, orangefarbenen Schale dieses tennisballgroßen Kürbisses verbirgt sich ein hellorangefarbenes, etwas faseriges Fruchtfleisch. Der Pomme d'Or eignet sich hervorragend zum Aromatisieren von Suppen. Dazu einfach ein paar Löcher in die Schale bohren und den Kürbis in der Suppe mitkochen.

Provenzalischer Moschuskürbis

Der Provenzalische Moschuskürbis ist einer der meistangebauten Kürbisse. Er stammt ursprünglich aus Südamerika, von wo ihn Kolumbus nach Europa brachte. Das leuchtend orangefarbene Fruchtfleisch hat einen süßlichen Geschmack. Die Schale ist gelb, orange oder grün und mitunter gerippt.

Hokkaidokürbis

Die Schale des Hokkaidokürbisses ist in der Regel orangefarben, kann bei den Spätsorten aber auch gelb oder grün sein. Das zarte, süße Fruchtfleisch schmeckt nach Kastanien.

Riesenkürbis

Den Riesenkürbis kultivierte man bereits einige Jahrhunderte vor unserer Zeitrechnung in Südamerika. Er hat eine runde, etwas abgeflachte Form, eine harte, gelbe, orangefarbene oder grüne Schale und ein süßliches Fruchtfleisch, aus dem man Suppen oder Gratins zubereiten kann. Er ist lange haltbar.

Kumquat

Auf den ersten Blick sehen die kleinen, länglichen, etwa drei Zentimeter großen Zitrusfrüchte aus Asien wie Mini-Orangen aus. Unter der dünnen Schale verbirgt sich ein säuerliches, leicht bitteres Fruchtfleisch, das kaum Kerne enthält. Man kann Kumquats roh mit der Schale essen, zum Verfeinern pikanter Saucen verwenden oder daraus Marmelade kochen. Kumquats werden vor allem im Winter, zwischen Dezember und April, angeboten.

Zedratzitrone

Die Zedrat- oder Zitronatzitrone ist eine Verwandte der Zitrone, unterscheidet sich aber in vielem von dieser. Die ursprünglich in Südostasien beheimatete Frucht wurde lange Zeit auf Korsika kultiviert. Heute baut man die große Zitrusfrucht mit der außerordentlich dicken, runzeligen Schale in Italien, Marokko und China an. Sie enthält so gut wie kein Fruchtfleisch und wird deshalb vorwiegend zur Herstellung von Essenzen verwendet oder kandiert. Eine besondere Varietät ist die kleinere Gefingerte Zitrone, auch „Buddhas Hand" genannt, bei der jedes Segment von einer Schale umgeben ist; man verwendet sie jedoch genauso wie ihre große Schwester. Zedratzitronen haben von September bis Januar Saison.

Bergamotte

Die kleine, ursprünglich im südlichen Mittelmeerraum beheimatete Zitrusfrucht hat eine hellorangefarbene Schale. Die runde Frucht hat oben einen für sie charakteristischen Nippel. Man verwendet hauptsächlich die Schale. Wegen ihres ätherischen Öls, mit dem auch der berühmte Earl-Grey-Tee aromatisiert wird, ist die Bergamotte in der Parfümindustrie sehr begehrt. Im französischen Nancy stellt man daraus Bonbons her. Die Bergamotte wird im Dezember geerntet und hat bis März Saison.

Bitterorange

Die Bitterorange, auch Pomeranze genannt, kommt zwischen Februar und April auf die Märkte. Die dunkelorangefarbene Schale ist sehr dick und uneben. Das Fruchtfleisch ist relativ bitter, wenig schmackhaft und enthält viele Kerne. Erst nach dem Kochen entfaltet es, z. B. in Marmelade, seinen vorzüglichen Geschmack. Die Bitterorange gelangte zur Zeit der Kreuzzüge nach Südeuropa, wo sie bis heute weit verbreitet ist. Auch die Blüten sind sehr begehrt, vor allem zur Herstellung von Orangenblütenwasser.

Cranberry

Cranberrys werden häufig wie Preiselbeeren zu rotem Fleisch serviert oder wie Rosinen in einem Kuchenteig mitgebacken. Die hübschen, karminroten Kügelchen mit dem relativ säuerlichen Geschmack verleihen Desserts aus Winter- oder Trockenfrüchten und Gerichten mit Sauce oder gebratenem Gemüse den besonderen Pfiff.

Cranberrys erfreuen sich vor allem in den angelsächsischen Ländern großer Beliebtheit. Frische Cranberrys werden vom Spätherbst bis zum Beginn des Winters angeboten.

Quitte

Die großen Herbstfrüchte haben eine dicke Schale, die mit einem leichten Flaum überzogen ist. Quitten wurden lange Zeit kaum noch auf den Märkten angeboten, denn sie sind schwer zu schälen und müssen vor dem Verzehr gekocht werden.

Gekochte Quitten begeistern mit ihrer Süße und ihrem zarten Fruchtfleisch.

Physalis

Die kleine, runde, orangefarbene Frucht ist von einer papierdünnen Hülle umgeben. Sie reift im Spätsommer und wird gerne als Dekoration verwendet. Doch die Frucht, die sich unter dieser Hülle verbirgt, ist außerordentlich schmackhaft. Die großen Beeren, die auch unter dem Namen Kapstachelbeeren oder Andenpflaumen bekannt sind, haben einen leicht säuerlichen Geschmack, der sehr gut zu Süßspeisen passt.

Kaki

Die Kaki stammt ursprünglich aus China und wird dort seit dem 14. Jahrhundert kultiviert. In Europa, wo sie vor allem in warmen, sonnigen Ländern angebaut wird, tauchte sie in der zweiten Hälfte des 19. Jahrhunderts auf. Die runde Frucht hat die Größe einer Tomate. Die dicke, leuchtend orangefarbene Schale umschließt ein schmackhaftes, leicht adstringierendes Fruchtfleisch, das mit zunehmender Reife eine weiche, geleeartige Konsistenz annimmt. Die Fuyu ist eine etwas abgeflachte Sorte mit dünnerer Schale und weniger adstringierendem Fruchtfleisch.

77 leckere
Gerichte aus...

...alten Gemüse- und Obstsorten

Teigtaschen mit Gemüsefüllung

FÜR 4 PERSONEN
ZUBEREITUNG: 30 Minuten • KOCHZEIT: 20 Minuten

1 Steckrübe • 2 Pastinaken • 1 Knolle Topinambur • 150 g mild gesalzene Butter • 1 Bund Kerbel • 8 Blätter Brick-Teig (ersatzweise Yufka- oder Filo-Teig) • 2 Becher Naturjoghurt • 50 ml Haselnussöl • Salz und frisch gemahlener Pfeffer

Den Backofen auf 200 °C vorheizen. Steckrübe, Pastinaken und Topinambur schälen, in kleine Würfel schneiden und 5 Minuten in kochendem Salzwasser garen. Abseihen, kurz unter fließendem kaltem Wasser abschrecken und trocken tupfen.

100 Gramm Butter in einer Sauteuse zerlassen und das Gemüse etwa 5 Minuten darin anschwitzen. Den Kerbel waschen, trocken schleudern und fein hacken. Das Gemüse von der Herdplatte nehmen, die Hälfte des Kerbels hinzufügen, mit Salz und Pfeffer würzen und zur Seite stellen.

Die restliche Butter in einer kleinen Kasserolle zerlassen und die Brickblätter damit bepinseln. Je 2 Blätter leicht überlappend nebeneinanderlegen, etwas Gemüse in der Mitte verteilen und den Teig sorgfältig über der Füllung verschließen. Die Teigtaschen auf ein mit Backpapier ausgelegtes Backblech legen und im Backofen in 7–10 Minuten goldbraun backen.

Inzwischen den Joghurt mit dem Haselnussöl verrühren, mit Salz und Pfeffer abschmecken und den restlichen Kerbel untermischen. Die Teigtaschen sehr heiß mit der Joghurtsauce servieren.

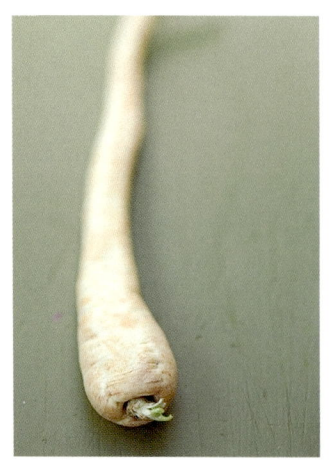

Ausgebackene Pastinaken

Diese einfachen kleinen Beignets haben einen
wunderbar süßlichen Geschmack und waren in meiner
Kindheit mein absolutes Lieblingsgericht.

FÜR 4 PERSONEN
ZUBEREITUNG: 20 Minuten • RUHEZEIT: 30 Minuten • KOCHZEIT: etwa 5 Minuten

3 Pastinaken • 50 g Kartoffelstärke • 50 g Mehl • 10 g Backpulver • 1 Prise Salz • 1 gestrichener EL gemahlener Kreuzkümmel • 1 l Öl zum Frittieren • Fleur de Sel

Die Pastinaken waschen und schälen. Der Länge nach vierteln und
das holzige Fruchtfleisch in der Mitte herausschneiden. Die Viertel
der Länge nach in 2–3 Zentimeter lange und 1 Zentimeter breite
Stücke schneiden.

Für den Ausbackteig die Stärke mit Mehl, Backpulver, Salz und
Kreuzkümmel mischen. Nach und nach so viel kaltes Wasser hin-
zufügen, bis ein homogener, etwas dickerer Teig entstanden ist.
Den Teig anschließend 30 Minuten ruhen lassen.

Das Öl in einer Kasserolle erhitzen. Die Pastinaken durch den Teig
ziehen, vorsichtig in das heiße Öl gleiten lassen und in 3–5 Minuten goldbraun ausbacken. Auf Küchenpapier abtropfen lassen, mit
Fleur de Sel bestreuen und sofort genießen.

Kalbsragout mit Pastinaken

Lassen Sie Ihrer Fantasie freien Lauf und reichern Sie
das Gericht nach Belieben mit grünen Oliven, Quitten oder
Backpflaumen – oder was Ihnen sonst noch einfällt – an.

FÜR 4 PERSONEN
ZUBEREITUNG: 25 Minuten • KOCHZEIT: 40 Minuten

1 Zwiebel • 4 Pastinaken • 1 Karotte • 800 g Kalbfleisch • ½ Bio-Zitrone • 3 EL Olivenöl
• 1 gestrichener EL Ras el-Hanout • 1 EL Instant-Kalbsfond • 12 Aprikosen • 1 Bund Koriander
• Salz und frisch gemahlener Pfeffer

Die Zwiebel schälen und in feine Ringe schneiden. Die Pastinaken
und die Karotte schälen und klein schneiden. Das Fleisch in Würfel
und die Zitrone in Spalten schneiden. Das Öl in einem Schmortopf
erhitzen und die Zwiebel mit dem Ras el Hanout darin anschwitzen.
Das Fleisch hinzufügen und rundherum anbraten. Den Kalbsfond
mit 150 Milliliter Wasser einrühren, den Deckel auflegen und das
Ganze 15 Minuten kochen lassen.

Das Gemüse und die Zitrone dazugeben, mit Salz und Pfeffer würzen und alles weitere 20 Minuten kochen lassen.

Die halbierten und entsteinten Aprikosen hinzufügen und 5 Minuten mitkochen lassen. Noch einmal abschmecken, mit dem fein
gehackten Koriandergrün bestreuen und sehr heiß mit Couscous
servieren.

Sonnenwurzel-Blini mit Räucherspecksahne

Diese Blini eignen sich vorzüglich für ein spätes Frühstück oder einen Brunch mit Freunden. Wer will, kann auf jeden Blini noch ein weich gekochtes Ei setzen.

FÜR 4 PERSONEN (etwa 12 Blini mit 8 cm Durchmesser)
ZUBEREITUNG: 30 Minuten • ZIEHZEIT: 30 Minuten • KÜHLZEIT: 2 Stunden
RUHEZEIT: 70 Minuten • KOCHZEIT: 10 Minuten

FÜR DIE SAHNE: 200 ml Sahne • 50 g Räucherspeck, in Julienne-Streifen geschnitten

FÜR DIE BLINI: 6 mittelgroße Sonnenwurzeln • 200 ml Milch • 50 ml Sahne • 1 Päckchen Trockenhefe • 160 g Mehl • 2 Eier • Salz und frisch gemahlener Pfeffer • Butter für die Pfanne

Die Sahne in einer Kasserolle erhitzen. Vom Herd nehmen, die Speckstreifen hineingeben und 30 Minuten ziehen lassen. Anschließend abseihen und die Sahne für 2 Stunden kalt stellen.

Die Sonnenwurzeln schälen und in hauchdünne Scheiben schneiden. 3 Minuten in kochendem Salzwasser blanchieren, abseihen und unter fließendem kaltem Wasser abschrecken.

Die Milch mit der Sahne erwärmen, bis sie lauwarm ist. Die Hefe und 1 Esslöffel Mehl einrühren und die Mischung 10 Minuten ruhen lassen. Die Eier trennen. Die Eigelbe zur Milchmischung geben, über das restliche Mehl gießen und zu einem glatten, homogenen Teig verrühren. Den Teig anschließend 1 Stunde ruhen lassen.

Die Eiweiße steif schlagen und den Eischnee vorsichtig unter den Teig ziehen. Die Sonnenwurzeln hinzufügen und mit Salz und Pfeffer abschmecken.

Die gut gekühlte Räucherspecksahne mit dem Handmixer steif schlagen und kalt stellen. Eine Blini-Pfanne mit Butter einfetten, die Blini auf jeder Seite 2–3 Minuten backen und sehr heiß mit der Sahne servieren.

Topinambursuppe mit Kokosmilch

Rote Currypaste bekommen Sie in asiatischen Lebensmittelgeschäften. Gehen Sie aber sparsam damit um, damit die Suppe nicht zu scharf wird.

FÜR 4 PERSONEN
ZUBEREITUNG: 15 Minuten • KOCHZEIT: 55 Minuten

450 g Topinambur • 1 Zwiebel • 2 EL Olivenöl • 400 ml Kokosmilch • 1 TL rote Currypaste • ½ Bund Koriander • Salz und frisch gemahlener Pfeffer

Den Topinambur schälen, waschen und grob zerkleinern. Die Zwiebel schälen und in feine Ringe schneiden.

Das Öl in einer Kasserolle erhitzen und die Zwiebel darin anschwitzen. Den Topinambur dazugeben und mit Salz und Pfeffer würzen. Die Kokosmilch und 100 Milliliter Wasser angießen, die Currypaste einrühren und das Gemüse 50 Minuten bei geringer Hitze köcheln lassen.

Die Suppe im Mixer fein pürieren, noch einmal abschmecken, auf Suppenschalen verteilen und mit dem fein gehackten Koriandergrün bestreuen.

Gebratener Topinambur mit Pilzen

Besonders gut schmeckt dieses Gericht im Herbst, wenn man es mit selbst gesammelten Herbsttrompeten, Semmelstoppelpilzen oder vielleicht sogar mit Steinpilzen zubereiten kann.

FÜR 4 PERSONEN
ZUBEREITUNG: 20 Minuten • KOCHZEIT: 25 Minuten

1 Zwiebel • 2 Knoblauchzehen • 125 g Pfifferlinge • 125 g rosa Champignons • 400 g Topinambur • ½ Bund glatte Petersilie, gehackt • 35 g mild gesalzene Butter • 1 TL rosa Pfefferbeeren • Fleur de Sel und frisch gemahlener Pfeffer

Die Zwiebel schälen und in feine Ringe schneiden. Den Knoblauch schälen und in dünne Scheiben schneiden. Die Pilze mit einem Messer vorsichtig putzen und zerkleinern. Den Topinambur schälen, waschen und in kleine Würfel schneiden.

Die Butter in einer Sauteuse zerlassen und die Zwiebel mit dem Knoblauch goldgelb anschwitzen. Den Topinambur hinzufügen und untermischen. Bei aufgelegtem Deckel etwa 12 Minuten bei geringer Hitze garen. Die Pilze dazugeben und etwa 10 Minuten braten, bis die Flüssigkeit, die die Pilze abgeben, zu verdunsten beginnt. Mit Fleur de Sel und Pfeffer würzen, die rosa Pfefferbeeren und die Petersilie hinzufügen und das Gericht weitere 2 Minuten kochen lassen.

Sehr heiß zu rotem Fleisch oder Wild servieren.

Topinamburpüree mit Jakobsmuscheln

Am besten schmeckt dieses Püree, wenn Sie es nicht zu fein pürieren.

FÜR 4 PERSONEN
ZUBEREITUNG: 20 Minuten • KOCHZEIT: 35 Minuten

600 g Topinambur • 10 EL Olivenöl • 1 Vanilleschote • 12 Jakobsmuschelnüsschen • Fleur de Sel und frisch gemahlener Pfeffer

Den Topinambur schälen und grob zerkleinern. 2 Esslöffel Öl in einer Kasserolle erhitzen, den Topinambur hinzufügen, 100 Milliliter Wasser angießen und mit Fleur de Sel und Pfeffer würzen. Aus Pergamentpapier einen Deckel im Durchmesser der Kasserolle ausschneiden und in die Mitte ein Loch schneiden. Das Gemüse damit zudecken und 30 Minuten garen.

Inzwischen die Vanilleschote aufschlitzen und das Mark mit einem kleinen scharfen Messer herausschaben. Mit 4 Esslöffeln Olivenöl verrühren und zur Seite stellen.

Den Topinambur abseihen, 2 Esslöffel Olivenöl hinzufügen, mit einer Gabel zerdrücken und mit Fleur de Sel und Pfeffer abschmecken. Das restliche Öl in einer beschichteten Pfanne erhitzen. Die Jakobsmuscheln mit Fleur de Sel und Pfeffer würzen und auf jeder Seite etwa 2 Minuten goldbraun braten. Mit dem Vanilleöl beträufeln und sehr heiß mit dem Topinamburpüree servieren.

Steckrüben-Rösti mit Tomme

Rösti und Tomme – das erinnert ein bisschen an Berge, Kühe und saftige Wiesen. Wer mag, kann das Gericht nach Belieben noch mit verschiedenen Gewürzen verfeinern.

FÜR 4 PERSONEN
ZUBEREITUNG: 20 Minuten • KOCHZEIT: 5 Minuten (pro Rösti)

1 große Steckrübe (300 – 400 g) • 3 mittelgroße festkochende Kartoffeln • 200 g Tomme de Brébis (Tomme aus Schafsmilch) • 1 Zwiebel • 3 EL Olivenöl • Salz und frisch gemahlener Pfeffer

Die Steckrübe und die Kartoffeln schälen und raspeln. Den Käse ebenfalls raspeln. Die Zwiebel schälen und in feine Ringe schneiden. Die Zutaten in einer Schüssel vermengen und mit Salz und Pfeffer würzen.

Das Öl in einer beschichteten Pfanne erhitzen. Mit einem Löffel Häufchen von der Kartoffelmischung abstechen, in die Pfanne setzen und flach drücken. Die Rösti auf jeder Seite 2–3 Minuten goldbraun braten und sehr heiß genießen.

Gekochte Steckrüben mit Honig

Die langsam mit Honig und Gewürzen gegarten Steckrüben schmecken nicht nur köstlich (besonders zu einem Lammkarree), sie zergehen förmlich auf der Zunge.

FÜR 4 PERSONEN
ZUBEREITUNG: 15 Minuten • KOCHZEIT: 20 Minuten

1,2 kg Steckrüben • 1 Zwiebel • 2 EL Olivenöl • 2 EL Honig • 1 gehäufter EL Fünf-Gewürze-Pulver • 150 ml Instant-Geflügelbrühe • 3 EL Sesam • Salz und frisch gemahlener Pfeffer

Die Steckrüben schälen und in Spalten schneiden. Die Zwiebel ebenfalls schälen und fein schneiden.

Das Öl in einem Schmortopf erhitzen und die Zwiebel goldgelb anschwitzen. Die Steckrüben mit Honig und Fünf-Gewürze-Pulver dazugeben, nach und nach die Brühe angießen (die Rüben dürfen nicht damit bedeckt sein). Den Deckel auflegen und das Gemüse 10 Minuten garen.

Den Deckel anschließend abnehmen und die Rüben unter häufigem Rühren weitere 10 Minuten kochen lassen.

Das Gericht mit Salz und Pfeffer abschmecken, mit dem Sesam bestreuen und sehr heiß servieren.

Miesmuscheln mit Steckrüben-Fritten

FÜR 4 PERSONEN
ZUBEREITUNG: 20 Minuten • RUHEZEIT: 1 Stunde • KOCHZEIT: 15 Minuten

2 kg Miesmuscheln • 4 kleine Schalotten • 2 Zwiebeln • 30 g mild gesalzene Butter • 400 ml Weißwein • 2 frische oder getrocknete Lorbeerblätter • 2 frische Thymianzweige • frisch gemahlener Pfeffer

FÜR DIE FRITTEN: 1 kg Steckrüben • Öl zum Frittieren • Fleur de Sel und frisch gemahlener Pfeffer

Die Steckrüben schälen und in Stifte schneiden. 5 Minuten in kochendem Salzwasser blanchieren, abseihen und unter fließendem kaltem Wasser abschrecken. Auf Küchenpapier ausbreiten und mindestens 1 Stunde trocknen lassen. Das Papier gegebenenfalls einmal erneuern, wenn es zu feucht wird.

Die Muscheln säubern und in einen Schmortopf füllen. Schalotten und Zwiebeln schälen und fein schneiden. Mit der Butter zu den Muscheln geben und mit Pfeffer würzen. Den Wein angießen, die Kräuter hinzufügen und die Muscheln zugedeckt bei geringer Hitze etwa 5 Minuten kochen lassen, bis sie sich geöffnet haben.

Eine große Kasserolle mit Öl füllen, das Öl erhitzen und die Steckrüben einige Minuten goldbraun frittieren. Mit Fleur de Sel und Pfeffer bestreuen und sofort mit den Muscheln servieren.

Bunte Karottentarte

Diese süßliche, aromatische Tarte eignet sich perfekt als leichtes Mittagessen.

FÜR 4 PERSONEN
ZUBEREITUNG: 30 Minuten • KÜHLZEIT: 30 Minuten • BACKZEIT: 50 Minuten

FÜR DEN TEIG: 300 g Mehl • 1 kräftige Prise Fleur de Sel • 50 ml Olivenöl

FÜR DEN BELAG: 1 Karotte White Satin • 1 Karotte Yellow Stone • 1 Karotte Purple Haze • 1 Karotte Purple Dragon • 1 Karotte Nutri Red • 1 Karotte Maestro • 30 g mild gesalzene Butter • Saft von 1 Orange • 1 TL Vier-Gewürze-Pulver • Butter für die Form • 3 Eier • 200 ml Sahne • 30 g gemahlene Mandeln • ½ Bund Minze • Salz und frisch gemahlener Pfeffer

Für den Teig das Mehl mit Fleur de Sel in eine Schüssel sieben. 50 Milliliter Wasser und das Öl hinzufügen und die Zutaten mit den Händen zu einem homogenen Teig verarbeiten. Zu einer Kugel formen, in Frischhaltefolie einschlagen und für 30 Minuten in den Kühlschrank legen.

Die Karotten schaben und in Scheiben schneiden. 5 Minuten in reichlich kochendem Salzwasser blanchieren, abseihen und unter fließendem kaltem Wasser abschrecken. Mit Butter, Orangensaft und Vier-Gewürze-Pulver in einen Topf geben und 10 Minuten zugedeckt kochen lassen.

Den Backofen auf 180 °C vorheizen. Den Teig auf der bemehlten Arbeitsfläche dünn ausrollen und eine mit Butter eingefettete Tarteform damit auskleiden. Den Boden mit Backpapier abdecken, mit getrockneten Hülsenfrüchten beschweren und 10 Minuten blindbacken. Aus dem Ofen nehmen und die Hülsenfrüchte und das Papier entfernen.

Die Eier mit dem Schneebesen kräftig mit Sahne und Mandeln verrühren und mit Salz und Pfeffer abschmecken. Die Minze waschen, trocken schleudern, fein hacken und unter die Eiermischung ziehen. Den Boden mit den Karotten belegen, die Eiermischung darüber verteilen, mit Salz und Pfeffer würzen und die Tarte 40 Minuten backen.

Die Karottentarte lauwarm oder kalt genießen.

Gebratene Karotten

Der volle Geschmack eines Gemüses kommt
oft am besten zur Geltung, wenn man es einfach nur langsam
im Backofen gart oder dämpft. Lassen Sie sich mit
diesem Rezept von den verblüffenden Geschmacksnuancen
und den Texturen verschiedener alter Karottensorten
überraschen.

FÜR 4 PERSONEN
ZUBEREITUNG: 15 Minuten • KOCHZEIT: 35–40 Minuten

2 Karotten White Satin • 2 Karotten Yellow Stone • 2 Karotten Petite Chantenay
• 2 Karotten Purple Haze • 2 Karotten Purple Dragon • 2 Karotten Nutri Red
• 2 Karotten Maestro • 3 EL Olivenöl und Olivenöl zum Beträufeln • Fleur de Sel und
frisch gemahlener Pfeffer

Den Backofen auf 160 °C vorheizen.

Die Karotten waschen und schaben. Eine feuerfeste Form mit dem
Öl fetten. Die Karotten der Länge nach halbieren und in die Form
schichten. Mit Fleur de Sel und Pfeffer würzen, mit Olivenöl beträufeln und 35–40 Minuten im Backofen garen.

Die Karotten vor dem Servieren mit einem fruchtigen Olivenöl
beträufeln und sehr heiß mit Fleur de Sel bestreut servieren.

Violetter Karottenkuchen

Ein wahrhaft ungewöhnlicher Karottenkuchen!
Das Violett verblasst zwar beim Backen
ein wenig, aber der fertige Kuchen hat immer noch
eine leichte Lilafärbung.

FÜR 4 PERSONEN
ZUBEREITUNG: 25 Minuten • BACKZEIT: 40–45 Minuten

3 Eier • 60 g Zucker • 30 g Farinzucker • 70 g Mehl • 1 Päckchen Backpulver • ½ TL Zimt • ½ TL gemahlener Ingwer • 100 g gemahlene Haselnüsse • 100 ml geschmacksneutrales Öl • 50 g Pekannüsse, grob gehackt • 250 g Karotten (Purple Haze oder Purple Dragon), gerieben • Butter für die Form • Puderzucker zum Bestauben

Den Backofen auf 180 °C vorheizen. Die Eier mit dem Schneebesen kräftig mit Zucker und Farinzucker aufschlagen. Mehl, Backpulver, Gewürze und Haselnüsse hinzufügen und alles gut verrühren. Das Öl unterrühren, bis ein glatter Teig entstanden ist. Zum Schluss die Pekannüsse und die Karotten unterheben.

Eine Kastenform mit Butter einfetten und mit Mehl ausstauben. Den Teig einfüllen und etwa 45 Minuten backen. Um die Garprobe zu machen, mit einem spitzen Messer in den Kuchen stechen. Er ist fertig, wenn das Messer beim Herausziehen sauber bleibt.

Den Kuchen in der Form auskühlen lassen, anschließend aus der Form stürzen und mit Puderzucker bestauben.

Glasierte Pariser Karotten

Ganz klassisch werden die Karotten hier zubereitet. Probieren Sie ruhig einmal, das Gericht mit verschiedenen Gewürzen Ihrer Wahl ein bisschen abzuwandeln.

FÜR 4 PERSONEN
ZUBEREITUNG: 15 Minuten • KOCHZEIT: 25 – 30 Minuten

800 g Pariser Karotten • 40 g mild gesalzene Butter • 2 EL Honig • 1 TL Fünf-Gewürze-Pulver

Die Karotten schaben und kurz waschen. Mit Butter, Honig und Fünf-Gewürze-Pulver in einen Topf geben und mit Wasser bedecken. Den Deckel auflegen und die Karotten 15 – 20 Minuten bei geringer Hitze köcheln lassen.

Den Deckel anschließend abnehmen und die Karotten weitere 10 – 15 Minuten unter häufigem Rühren kochen lassen, bis die Flüssigkeit sirupartig eingekocht ist (am Topfboden sollte sich zum Schluss nur noch ein kleiner Rest Flüssigkeit befinden) und die Karotten damit überzogen sind.

Die glasierten Karotten sehr heiß servieren.

Knollenkerbel-milch mit Herzmuscheln

Zu diesen köstlichen, in aromatischer Milch gekochten Muscheln bedarf es nicht vieler Worte, man muss sie einfach nur genießen …

FÜR 4 PERSONEN
ZUBEREITUNG: 15 Minuten • KOCHZEIT: 35 Minuten

300 g Knollenkerbel • 750 ml Vollmilch • 1 kg Herzmuscheln • 1 Schalotte • 200 ml Weißwein • ½ Bund Kerbel • Salz und frisch gemahlener Pfeffer

Den Knollenkerbel schälen, waschen und halbieren. Die Milch mit etwas Salz erhitzen und den Knollenkerbel 30 Minuten darin kochen. Die Hälfte des Knollenkerbels herausnehmen. Mit dem Pürierstab die andere Hälfte in der Milch pürieren. Den Topf anschließend zur Seite stellen.

Die Muscheln waschen. Die Schalotte schälen, in feine Ringe schneiden und mit dem Weißwein in eine große Kasserolle geben. Den Wein langsam erhitzen und die Muscheln dazugeben. Den Deckel auflegen, die Muscheln 5 Minuten kochen lassen, bis sie sich geöffnet haben, und danach abseihen.

Vier tiefe Teller mit etwas Pfeffer bestreuen, Knollenkerbelmilch und Muscheln darauf verteilen, mit Kerbelblättchen bestreuen und sofort servieren.

Petersiliensamtsuppe

Sie werden überrascht sein! Die Wurzeln der Petersilie
sind so süß, dass diese leichte Samtsuppe fast als Dessert
durchgehen könnte.

FÜR 4 PERSONEN
ZUBEREITUNG: 20 Minuten • KOCHZEIT: 35 Minuten

FÜR DIE SUPPE: 250 g Wurzelpetersilie • 1 Schalotte • 1 Knoblauchzehe • 2 EL Olivenöl
• 1 Hühnerbrühwürfel • Salz und frisch gemahlener Pfeffer

FÜR DAS PETERSILIENÖL: 4 Stängel glatte Petersilie • 50 ml Olivenöl

Die Wurzelpetersilie schälen und grob zerkleinern. Schalotte und
Knoblauch schälen, fein schneiden und in einer Kasserolle im Olivenöl goldgelb anschwitzen. Die Wurzelpetersilie dazugeben und
etwa 5 Minuten mitbraten. Mit Wasser bedecken, den Brühwürfel
hinzufügen und das Gemüse 30 Minuten zugedeckt bei geringer
Hitze köcheln lassen.

Inzwischen das Petersilienöl herstellen. Dazu die Petersilienblätter
abzupfen, waschen, trocknen und mit dem Olivenöl pürieren.

Die Wurzelpetersilie pürieren und die Suppe mit Salz und Pfeffer
abschmecken. Auf Suppenschalen verteilen, mit etwas Petersilienöl
beträufeln und sofort servieren.

Bunte Bete-Chips

Mit diesen bunten Chips werden Sie garantiert
Eindruck machen. Sie benötigen dazu weiße, gelbe und
rote – oder rot gestreifte – Beten.

ERGIBT ETWA 250 GRAMM CHIPS
ZUBEREITUNG: 20 Minuten • KOCHZEIT: 3 Minuten

3 mittelgroße, verschiedenfarbige Beten • 50 g griffiges Mehl • Öl zum Frittieren
• Fleur de Sel

Die Beten schälen, mit einer Mandoline in dünne Scheiben schneiden und mit Küchenpapier trocken tupfen. Das Mehl in einen tiefen
Teller geben und die Betescheiben darin wenden.

Das Öl erhitzen, die Beten 3 Minuten darin frittieren und die Chips
auf Küchenpapier abtropfen lassen.

Die Chips großzügig mit Fleur de Sel bestreuen und genießen.

Kalte Bete-Joghurt-Suppe

Ideal für heiße Sommertage ist diese frische Suppe.
Verwenden Sie dafür am besten junge Beten, die im späten
Frühling auf den Markt kommen.

FÜR 4 PERSONEN
ZUBEREITUNG: 25 Minuten • KOCHZEIT: 1 Stunde

500 g Rote Bete • 3 Becher Naturjoghurt • 3 Frühlingszwiebeln • 1 TL Kümmel
• 2 EL Olivenöl • Salz und frisch gemahlener Pfeffer

Die Roten Beten wie auf Seite 72 beschrieben im Backofen garen.

Das Fruchtfleisch mit dem Joghurt in den Mixer füllen. Die Frühlingszwiebeln mit dem Grün fein schneiden. 1 Esslöffel fein geschnittene Zwiebeln zum Garnieren beiseitelegen, den Rest mit Kümmel und Öl zu den Beten geben. Mit Salz und Pfeffer würzen und das Ganze zu einem glatten Püree verrühren.

Die Suppe noch einmal abschmecken, auf kleine Gläser verteilen und mit den restlichen Frühlingszwiebeln bestreuen. Gut gekühlt mit Croûtons servieren.

Rote Bete mit geräucherter Makrele

Durch das langsame Garen bei geringer Hitze werden
die Beten butterzart und besonders schmackhaft.
Genießen Sie sie einfach nur mit etwas Olivenöl und vielleicht
mit einem Hauch Piment d'Espelette.

FÜR 4 PERSONEN
ZUBEREITUNG: 15 Minuten • KOCHZEIT: 1 Stunde

2 kleine Rote Beten • ½ Bund Schnittlauch • 4 geräucherte Makrelenfilets
• 4 EL Olivenöl • Fleur de Sel und frisch gemahlener Pfeffer

Den Backofen auf 150 °C vorheizen. Die Beten unter fließendem
Wasser abbürsten und danach abtrocknen. In eine ofenfeste Form
legen und 1 Stunde im Backofen backen.

Den Schnittlauch waschen, trocken schleudern und fein hacken.

Die Beten aus dem Ofen nehmen (sie sind gar, wenn die Schale
verschrumpelt ist). Die Makrelenfilets in Stücke schneiden, die
Beten halbieren und beides auf tiefen Tellern anrichten. Mit
Olivenöl beträufeln, mit dem Schnittlauch bestreuen, mit Fleur
de Sel und Pfeffer würzen und servieren.

Gelbe Bete, in der Salzkruste gegart

Sie werden begeistert sein, wie wunderbar
die Bete ihren Geschmack entfaltet. Genießen Sie sie
deshalb am besten einfach so, wie sie ist.

FÜR 2 PERSONEN
ZUBEREITUNG: 10 Minuten • KOCHZEIT: 1 Stunde

1 Gelbe Bete (etwa 500 g) • 2 kg grobes Meersalz • 30 g mild gesalzene Butter
• Fleur de Sel und frisch gemahlener Pfeffer

Den Backofen auf 160 °C vorheizen.

Die Bete unter fließendem kaltem Wasser abbürsten und danach
abtrocknen. Den Boden eines Schmortopfs 3 Zentimeter hoch mit
Salz bedecken. Die Bete daraufsetzen, mit Salz bedecken und
1 Stunde im Backofen garen.

Den Topf am Ende der Kochzeit 30 Minuten abkühlen lassen. Die
Salzkruste aufschlagen, die Bete halbieren oder vierteln und auf
Tellern anrichten. Etwas Butter auf jedes Stück geben, sparsam
salzen, mit Pfeffer würzen und sofort servieren.

Kressesuppe mit Knollenziest

Zugleich mild und pikant ist diese leuchtend grüne Suppe.
Kresse wird ab April auf den Märkten angeboten. Achten Sie beim
Einkauf darauf, dass die Blätter schön grün sind.

FÜR 4 PERSONEN
ZUBEREITUNG: 15 Minuten • KOCHZEIT: 25 – 30 Minuten

2 Kästchen Kresse • 4 große Kartoffeln • 1 Schalotte • 40 g mild gesalzene Butter
• 1 Gemüsebrühwürfel • 150 g Knollenziest • Salz und frisch gemahlener Pfeffer

Die Kresseblättchen abschneiden, waschen und trocken schleudern.
Die Kartoffeln schälen und klein schneiden. Die Schalotte schälen
und fein schneiden.

25 Gramm Butter in einem Schmortopf zerlassen und die Schalotte
bei geringer Hitze anschwitzen, bis sie weich ist. Die Kresse hinzufügen und gut umrühren, bis sie mit der Butter überzogen ist.
Die Kartoffeln und den Brühwürfel dazugeben. 750 Milliliter
Wasser angießen, mit Salz und Pfeffer würzen und die Kartoffeln
in 20–25 Minuten bei geringer Hitze gar kochen.

Den Knollenziest 5 Minuten in reichlich kochendem Salzwasser
blanchieren, abseihen und zur Seite stellen.

Die Kressesuppe fein pürieren. Die restliche Butter in einer Pfanne
zerlassen und den Knollenziest 5 Minuten darin anbraten. Die
Suppe noch einmal abschmecken, auf Suppenschalen verteilen und
den Knollenziest hinzufügen.

Knollenziest in Tomaten-Mascarpone-Sauce

FÜR 6 PERSONEN
ZUBEREITUNG: 20 Minuten • KOCHZEIT: 25 Minuten

500 g Knollenziest • 500 g Cocktailtomaten • 1 Zwiebel • 4 EL Olivenöl • 4 EL Mascarpone • 70 g Pinienkerne • 2 Stängel Basilikum • 30 g Parmesanspäne • Salz und frisch gemahlener Pfeffer

Knollenziest und Tomaten waschen und trocknen. Die Tomaten halbieren. Den Knollenziest 5 Minuten in reichlich kochendem Salzwasser blanchieren und abseihen.

Die Zwiebel schälen und fein schneiden. Die Hälfte des Öls erhitzen und die Zwiebel darin anschwitzen. Die Hälfte der Tomaten und 3 Esslöffel Wasser hinzufügen. Mit Salz und Pfeffer würzen und die Tomaten etwa 15 Minuten kochen lassen, bis sie zerfallen sind. Zum Schluss den Mascarpone einrühren.

Den Knollenziest im restlichen Öl anbraten. Die übrigen Tomaten und die Tomaten-Mascarpone-Sauce dazugeben und das Ganze bei geringer Hitze noch einige Minuten garen.

Die Pinienkerne in einer heißen Pfanne ohne Fett rösten. Das Basilikum fein hacken. Den Knollenziest mit Tomaten und Sauce auf tiefe Teller verteilen. Mit Pinienkernen, Parmesan und Basilikum bestreuen, nach Belieben mit etwas Olivenöl beträufeln.

Gratinierte Schwarzwurzeln mit Parmaschinken

Auf den ersten Blick sehen die langen, schwarzen, meist recht schmutzigen Stangen nicht gerade appetitanregend aus. Aber richtig zubereitet erfüllen sie selbst die Ansprüche der verwöhntesten Gaumen.

FÜR 4 PERSONEN
ZUBEREITUNG: 30 Minuten • KOCHZEIT: 45 Minuten

12 Schwarzwurzeln • 6 Scheiben Parmaschinken • 300 ml Sahne • 40 g Parmesan, gerieben • frisch geriebene Muskatnuss • Salz und frisch gemahlener Pfeffer

Die Schwarzwurzeln (am besten in Handschuhen) schälen, waschen und trocknen. In etwa 2 Zentimeter lange Stücke schneiden, mit Salz und Pfeffer würzen und 20 Minuten dämpfen.

Den Backofen auf 200 °C vorheizen.

Die Schinkenscheiben in feine Streifen schneiden und die Schwarzwurzeln damit umwickeln. Die Stangen nebeneinander in vier kleine Gratinformen schichten.

Die Sahne mit dem Parmesan verrühren, mit Muskatnuss, Salz und Pfeffer abschmecken und über die Schwarzwurzeln gießen. Das Gemüse etwa 25 Minuten im Ofen überbacken und sofort servieren.

Hühnerbrühe mit Weißen Rüben und Zitronengras

FÜR 4 PERSONEN
ZUBEREITUNG: 20 Minuten • KOCHZEIT: 35 Minuten

3 Weiße Rüben Manchester Market • 4 Weiße Rüben Boule d'Or • 2 Stängel Zitronengras • 1 Stück Ingwer (2 cm) • 1 Frühlingszwiebel • 1 Hühnerbrühwürfel • 2 EL Olivenöl • abgeriebene Schale von ½ Bio-Orange • 1 EL Honig • 1 Prise Piment d'Espelette • Salz und frisch gemahlener Pfeffer

Die Rüben schälen und in Spalten schneiden. Die harten äußeren Blätter des Zitronengrases entfernen und den Rest in dünne Scheiben schneiden. Den Ingwer schälen und ebenfalls in dünne Scheiben teilen. Die Frühlingszwiebel waschen und mit dem Grün in feine Ringe schneiden.

1 Liter Wasser in einer Kasserolle erhitzen und den Brühwürfel darin auflösen. Den Ingwer und die Hälfte des Zitronengrases 20 Minuten darin köcheln lassen.

Das Öl in einer Sauteuse erhitzen und die Rüben bei geringer Hitze darin anschwitzen. Das restliche Zitronengras, Orangenschale, Honig und Piment d'Espelette hinzufügen, mit Salz und Pfeffer würzen und das Ganze zugedeckt etwa 15 Minuten bei geringer Hitze köcheln lassen.

Die Rüben abseihen. Die Kochflüssigkeit zur Bouillon gießen. Die Rüben auf vier Suppenschalen verteilen. Die Brühe abschmecken und darübergießen. Mit der Frühlingszwiebel bestreuen.

Glasierte Weiße Rüben

Verwenden Sie für dieses Gericht am besten die kleinen, runden „Boules d'Or". Sie eignen sich hervorragend zum Glasieren und sehen obendrein besonders appetitanregend aus.

FÜR 4 PERSONEN
ZUBEREITUNG: 10 Minuten • KOCHZEIT: 30 Minuten

etwa 20 kleine Weiße Rüben (z.B. Boule d'Or) • 30 g mild gesalzene Butter • 3 EL Zucker • Salz und frisch gemahlener Pfeffer

Die Rüben unter fließendem Wasser abbürsten (sie müssen nur geschält werden, wenn die Schale sehr dick ist).

Die Rüben mit Butter, Zucker und 100 Milliliter Wasser in eine Sauteuse geben. Aus Pergamentpapier einen Deckel im Durchmesser des Topfes zurechtschneiden und in die Mitte ein Loch schneiden. Die Rüben damit bedecken und 10 Minuten bei geringer Hitze garen. Das Papier anschließend entfernen und das Gemüse noch etwa 20 Minuten kochen lassen. Dabei häufig umrühren, um die Rüben mit dem Sirup zu überziehen.

Am Ende der Kochzeit sollte die Flüssigkeit fast vollständig eingekocht und die Rüben rundherum mit dem Sirup überzogen sein.

Die Rüben sparsam mit Salz und Pfeffer würzen und sehr heiß – beispielsweise zu Entenbrust oder kurz gebratenem Kalbfleisch – servieren.

Rübenkrautsuppe

Soll die Suppe sämiger sein, einfach noch ein
paar Kartoffeln hinzufügen.

FÜR 4 PERSONEN
ZUBEREITUNG: 20 Minuten • KÜHLZEIT: 1 Stunde • KOCHZEIT: 30 Minuten

1 lange Weiße Rübe • 1 Stück Ingwer (2 cm) • 3 EL Olivenöl • Saft von ½ Zitrone
• 170 g Rübenkraut (von Weißen Rüben) • 1 Schalotte • 1 Gemüsebrühwürfel
• 2 EL Quark • Salz und frisch gemahlener Pfeffer

Die Rübe waschen, schälen und mit einer Mandoline in hauchdünne
Scheiben schneiden. Den Ingwer schälen und in feine Scheiben
schneiden. Beides in einen tiefen Teller geben. 2 Esslöffel Öl und
den Zitronensaft hinzufügen, sparsam mit Salz und Pfeffer würzen
und das Gemüse mindestens für 1 Stunde kalt stellen.

Das Rübenkraut waschen. Die Schalotte schälen, in dünne Ringe
schneiden und in einer großen Kasserolle im restlichen Öl anschwitzen. Das Kraut dazugeben und zusammenfallen lassen. Den Brühwürfel dazugeben, das Kraut mit Wasser bedecken und 25 Minuten
kochen.

Den Topfinhalt anschließend im Mixer pürieren, den Quark unterrühren und mit Salz und Pfeffer abschmecken.

Die Suppe sofort in kleinen Schalen anrichten, die marinierten
Rübenscheiben darauf verteilen, gegebenenfalls noch einmal
abschmecken und servieren.

Kleine Pfannkuchen aus Weißen Rüben

FÜR 4 PERSONEN
ZUBEREITUNG: 20 Minuten • KOCHZEIT: 10 Minuten

450 g Weiße Rüben • 1 Zwiebel • 5 Eier • 1 gehäufter TL Paprikapulver • Mark von
1 Vanilleschote • 2 EL Mehl • 100 g Parmesan, gerieben • 20 g Macadamianüsse,
gehackt • 3 EL Olivenöl • Salz und frisch gemahlener Pfeffer

Die Rüben waschen, schälen und in dünne Scheiben schneiden.
Etwa 3 Minuten in kochendem Salzwasser blanchieren, abseihen
und unter fließendem kaltem Wasser abschrecken, um den Garpro-
zess zu stoppen.

Die Zwiebel schälen und fein schneiden. Die Eier in einer Schüssel
mit Salz, Paprikapulver und Vanillemark verschlagen. Mehl und
Parmesan hinzufügen, alles gut verrühren und die blanchierten
Rüben, Zwiebel und Nüsse untermischen.

Das Öl in einer großen Pfanne erhitzen. Mit einem Löffel Häufchen
von der Rübenmischung abstechen, in die Pfanne setzen und flach
streichen. Die Pfannkuchen anschließend auf jeder Seite 3 Minuten
backen.

Die Pfannkuchen sehr heiß mit einem nur mit Olivenöl und Fleur
de Sel gewürzten Portulaksalat servieren.

Sauerkleewurzeln auf orientalische Art

Lassen Sie sich vom knackigen Fruchtfleisch und der herrlichen Farbe dieses wahrhaft ungewöhnlichen Gemüses überraschen!

FÜR 4 PERSONEN
ZUBEREITUNG: 10 Minuten • KOCHZEIT: 15–20 Minuten

500 g Sauerkleewurzeln • 12 weiche, getrocknete Aprikosen • 40 g mild gesalzene Butter • 2 EL Honig • 50 g Haselnüsse, gehackt • 30 g Sultaninen • Salz und frisch gemahlener Pfeffer

Die Sauerkleewurzeln unter fließendem Wasser waschen und abtrocknen. Die Aprikosen vierteln.

Butter und Honig in einem Schmortopf zerlassen. Die Sauerkleewurzeln dazugeben und so lange rühren, bis sie mit der Buttermischung überzogen sind. Das Gemüse anschließend 10 Minuten bei geringer Hitze garen.

Mit Salz und Pfeffer würzen. Die Aprikosen, die gehackten Nüsse und die Sultaninen hinzufügen und das Ganze weitere 5–10 Minuten kochen lassen, bis die Sauerkleewurzeln weich sind. Dabei gelegentlich umrühren.

Das Gemüse sehr heiß servieren. Dazu passt z. B. eine saftige Scheibe Schinken.

Carpaccio von Knolliger Kapuzinerkresse

Der pikante Geschmack der Knolligen Kapuzinerkresse passt perfekt zu den milden Jakobsmuscheln.

FÜR 4 PERSONEN
ZUBEREITUNG: 25 Minuten • MARINIERZEIT: 1 Stunde

12 schöne Jakobsmuscheln • 2 Knollen Knollige Kapuzinerkresse • Saft von 1 Zitrone • 6 EL Olivenöl • ½ Bund Schnittlauch • Salz und frisch gemahlener Pfeffer

Die Jakobsmuscheln mit einem dünnen, sehr scharfen Messer in hauchdünne Scheiben schneiden.

Die Knollige Kapuzinerkresse schälen und mit der Mandoline ebenfalls in hauchdünne Scheiben schneiden. Die Scheiben abwechselnd mit den Jakobsmuscheln rosettenförmig auf vier Tellern anrichten.

Mit Zitronensaft und Olivenöl beträufeln, mit Salz und Pfeffer würzen und für 1 Stunde in den Kühlschrank stellen.

Das Carpaccio vor dem Servieren noch einmal abschmecken, mit dem fein geschnittenen Schnittlauch bestreuen und gut gekühlt servieren.

Radieschenbutter

Lust auf ein leckeres Butterbrot mit Radieschen?
Mit dieser zeitsparenden Alternative können Sie Ihren Appetit
noch schneller stillen.

ZUBEREITUNG: 15 Minuten

300 g mild gesalzene Butter • je 150 g rote und violette Radieschen mit Grün
• 1 Prise Fleur de Sel • 1 Prise Piment d'Espelette

Die Butter in Stücke schneiden und bei Zimmertemperatur weich
werden lassen. Die Radieschen mit dem Kraut waschen. Die Radieschen in dünne Scheiben schneiden und das Grün fein hacken.
Radieschen und Butter im Mixer verrühren und zum Schluss das
Kraut untermischen.

Die Radieschenbutter in eine Schüssel füllen und noch einmal mit
einem Holzlöffel gut durchrühren. Zu einem Päckchen formen, mit
Fleur de Sel und Piment d'Espelette bestreuen, in Pergamentpapier
verpacken und im Kühlschrank aufbewahren.

Süßsauer eingelegte schwarze Radieschen

Ist die Schale der Radieschen sehr dick, sollten Sie sie vor der Zubereitung schälen.

FÜR 2 GLÄSER À 500 MILLILITER
ZUBEREITUNG: 15 Minuten • KÜHLZEIT: 24 Stunden • ZIEHZEIT: 1 Woche

150 g grobes Salz • 1 l Weißweinessig • 100 g Honig • 5 Vogelaugenchilis • 3 Gewürznelken • 1 TL Fenchelsamen • 3 Lorbeerblätter • 500 g kleine schwarze Radieschen

Am Vortag 1,5 Liter Wasser aufkochen, das grobe Salz hinzufügen und das Ganze vollständig abkühlen lassen. Den Essig mit Honig und Gewürzen verrühren, bei geringer Hitze zum Kochen bringen, abkühlen lassen und für 24 Stunden in den Kühlschrank stellen.

Die Radieschen waschen und trocknen. In einer nicht zu dicken Schicht in ein hohes Gefäß füllen, mit dem Salzwasser bedecken und 24 Stunden im Kühlschrank durchziehen lassen.

Am folgenden Tag die Radieschen abseihen, auf Gläser verteilen, mit dem Essig bedecken und die Gläser luftdicht verschließen. Die Radieschen vor dem Genuss eine Woche durchziehen lassen.

Würzige Kartoffeln, im Ofen gegart

Diese schnellen, leckeren Kartoffeln eignen sich hervorragend als Beilage zu weißem Fleisch, passen aber auch zu vielem anderem. Die Kartoffeln sind innen weich und außen wunderbar knusprig.

FÜR 4 PERSONEN
ZUBEREITUNG: 10 Minuten • KOCHZEIT: 40 Minuten

8 große vorwiegend festkochende Kartoffeln (z. B. Belle de Fontenay) • 2–3 EL Olivenöl • 4 EL gemischte Samenkörner (Leinsamen, Mohn, Sesam, Sonnenblumenkerne …) • 3 EL Vier-Gewürze-Pulver • Salz und frisch gemahlener Pfeffer

Den Backofen auf 180 °C vorheizen. Die Kartoffeln unter fließendem Wasser abbürsten, trocknen und halbieren. Die Schnittflächen mit etwas Olivenöl, 2 Esslöffeln Samen und Vier-Gewürze-Pulver einreiben und mit der Schnittfläche nach oben auf einem mit Backpapier ausgelegten Backblech verteilen.

Mit dem restlichen Öl beträufeln (dabei darauf achten, dass nicht zu viel Öl auf das Papier tropft, damit es im heißen Ofen nicht verbrennt) und mit den restlichen Samen, Salz und Pfeffer bestreuen. Die Kartoffeln 40 Minuten im Backofen backen, bis sie weich und die Schnittflächen knusprig braun sind.

Die Kartoffeln sehr heiß – z. B. zu einem Lammkarree mit Kräutern – servieren.

Kartoffelpüree mit Vanille

Über dieses ungewöhnliche Dessert werden Ihre
Gäste mit Sicherheit staunen!

FÜR 4 PERSONEN
ZUBEREITUNG: 25 Minuten • KOCHZEIT: 40 Minuten

400 g festkochende Kartoffeln (z.B. La Ratte) • 125 g mild gesalzene Butter
• 100 ml Sahne • 250 ml Vollmilch • 2 Vanilleschoten • 2 Eigelb • 60 g Zucker
• 20 g Maisstärke

Die Kartoffeln etwa 30 Minuten in reichlich Salzwasser kochen.
Um die Garprobe zu machen, eine Kartoffel mit einer Gabel einstechen. Sind die Kartoffeln noch nicht weich, die Kochzeit um
10 Minuten verlängern. Die Kartoffeln anschließend abseihen,
schälen und durch die Kartoffelpresse drücken (das Püree sollte
sehr fein sein). Das heiße Püree in einer Schüssel mit Butter und
Sahne verrühren.

Die Milch in eine Kasserolle gießen. Die Vanilleschoten der Länge
nach aufschlitzen, das Mark herausschaben und beides zur Milch
geben. Die Milch bei geringer Hitze heiß werden lassen.

Inzwischen die Eigelbe mit dem Zucker cremig aufschlagen. Die
Maisstärke unterschlagen. Die Vanilleschoten aus der Milch nehmen und die Hälfte der Milch unter die Eigelbmischung schlagen.
Die Mischung zur restlichen Milch gießen und bei geringer Hitze
köcheln lassen, bis sie eindickt. Dabei ständig mit dem Schneebesen
rühren. Das Kartoffelpüree unterziehen und lauwarm servieren.

Blaue Kartoffeln mit Crème double, in der Papierhülle gegart

Ihre Gäste werden Augen machen, wenn sie ihre Päckchen öffnen und darin blaue Kartoffeln zum Vorschein kommen!

FÜR 4 PERSONEN
ZUBEREITUNG: 25 Minuten • KOCHZEIT: 40 Minuten

16 blaue Kartoffeln (z. B. Vitelotte) • 1 Schalotte • 8 EL Crème double • ½ Bund Schnittlauch • Salz und frisch gemahlener Pfeffer

Den Backofen auf 180 °C vorheizen. Aus Pergamentpapier 16 kleine Quadrate zurechtschneiden. In die Mitte jeweils 1 Kartoffel legen und das Papier zu einem Päckchen verschließen. Auf einem Backblech verteilen und etwa 40 Minuten im Backofen garen.

Inzwischen die Schalotte schälen, fein schneiden und unter die Crème double mischen. Den Schnittlauch waschen, trocken schleudern und in feine Röllchen schneiden. Unter die Crème double ziehen und die Creme mit Salz und Pfeffer abschmecken.

Die Kartoffeln aus dem Ofen nehmen und die Päckchen öffnen. Die Kartoffeln halbieren und jeweils 1 Löffel Crème double in die Mitte geben. Sofort servieren, z. B. zu im Ofen gegartem Lachs oder gekochtem oder gegrilltem Fleisch.

Blaue Kartoffelkroketten

FÜR 4 PERSONEN
ZUBEREITUNG: 30 Minuten • KOCHZEIT: 35 Minuten

1 kg blaue Kartoffeln (z. B. Vitelotte) • 140 g mild gesalzene Butter • frisch geriebene Muskatnuss • 230 g Mehl • 6 Eier • Öl zum Frittieren • Salz und frisch gemahlener Pfeffer

Die Kartoffeln schälen, in einen Topf mit kaltem Salzwasser geben, zum Kochen bringen und etwa 20 Minuten kochen lassen.

In einer Kasserolle 500 Milliliter Wasser mit Butter, Salz, Pfeffer und etwas Muskatnuss zum Kochen bringen. Sobald die Mischung kocht und die Butter geschmolzen ist, das Mehl auf einmal hineingeben und gut mit einem Holzlöffel umrühren. Den Teig bei geringer Hitze so lange rühren, bis er sich von der Topfwand löst. Anschließend die Eier einzeln unterrühren.

Die Kartoffeln mit einem Stückchen Butter (damit das Püree schön glatt wird) durch die Kartoffelpresse drücken und das Püree mit dem Teig vermengen.

Das Öl in einem Topf erhitzen. Aus dem Teig walnussgroße Kugeln formen und in 3–4 Minuten im heißen Öl goldbraun frittieren. Auf Küchenpapier abtropfen lassen und zu gegrilltem Fleisch servieren.

Gedämpfter Kohlrabi mit Räucherlachs

Beim Dämpfen entfaltet der Kohlrabi seinen vollen Geschmack. Wussten Sie übrigens, dass Kohlrabi auch hervorragend zu geräuchertem oder mariniertem Fisch passt?

FÜR 4 PERSONEN
ZUBEREITUNG: 10 Minuten • KOCHZEIT: 30 Minuten

6 weiße oder violette Kohlrabi • ½ Bund Schnittlauch • 1 Bio-Zitrone • 4 EL Olivenöl • 4 Scheiben Räucherlachs • 4 EL Crème double • Salz und frisch gemahlener Pfeffer

Die Kohlrabi schälen und 30 Minuten dämpfen.

Den Schnittlauch waschen, trocken schleudern und in Röllchen schneiden. Die Zitrone in Spalten schneiden.

Die gegarten Kohlrabi vierteln und auf vier kleine Schalen verteilen. Mit dem Olivenöl beträufeln, mit Salz und Pfeffer würzen und den Räucherlachs hinzufügen.

Noch einmal abschmecken, mit Zitronenspalten und je 1 Esslöffel Crème double garnieren und mit den Schnittlauchröllchen bestreuen.

Linguine in Sahnesauce mit Mini-Kohlrabi

Wenn Sie das Glück haben, auf dem Markt Mini-Kohlrabi zu bekommen, sollten Sie unbedingt zugreifen. Noch bunter wird das Gericht, wenn Sie weiße und violette Kohlrabi nehmen.

FÜR 4 PERSONEN
ZUBEREITUNG: 15 Minuten • KOCHZEIT: 30 Minuten

etwa 12 Mini-Kohlrabi • 1 Schalotte • 2 EL Olivenöl • 1 Hühnerbrühwürfel • 300 ml Sahne • 400 g Linguine • Salz und frisch gemahlener Pfeffer

Die Kohlrabi schälen, waschen und halbieren. Die Schalotte schälen und fein schneiden.

Das Öl in einer Sauteuse erhitzen und die Schalotte bei geringer Hitze darin anschwitzen. Die Kohlrabi dazugeben und 3 Minuten mitbraten. Den Brühwürfel mit 150 Milliliter Wasser hinzufügen. Sparsam salzen, mit Pfeffer würzen und das Gemüse zugedeckt 15 Minuten garen.

Den Deckel anschließend abnehmen und die Kohlrabi weitere 5 Minuten kochen lassen, bis die Flüssigkeit eingekocht ist. Die Sahne einrühren, das Ganze 3 Minuten köcheln lassen und noch einmal abschmecken.

Die Linguine etwa 8 Minuten in reichlich Salzwasser bissfest kochen, abseihen und mit Salz und Pfeffer würzen.

Die Nudeln mit den Kohlrabi und der Sauce mischen und sehr heiß servieren.

Chou de Pontoise, in Butter geschmort

Dieser Kohl hat einen so ausgeprägten Eigengeschmack, dass es keiner weiteren Beilage bedarf. Am besten schmeckt er, wenn man ihn kurz in etwas Butter schmort.

FÜR 6 PERSONEN
ZUBEREITUNG: 20 Minuten • KOCHZEIT: 10 Minuten

2 mittelgroße Köpfe Chou de Pontoise • 40 g mild gesalzene Butter • 50 g Haselnüsse, gehackt • 200 g geräucherte Entenbrust • Salz und frisch gemahlener Pfeffer

Den Kohl kurz unter fließendem Wasser waschen, die äußeren Blätter entfernen und die Köpfe in feine Streifen schneiden.

Die Butter in einer großen Pfanne zerlassen und den Kohl unter häufigem Rühren kurz darin anschwitzen, bis die Streifen mit der Butter überzogen sind. Den Kohl anschließend etwa 10 Minuten schmoren lassen, bis er bissfest ist.

Die Haselnüsse in einer zweiten Pfanne ohne Fett goldbraun rösten. Die Entenbrust in feine Scheiben schneiden.

Den fertig gegarten Kohl mit Entenbrust und Nüssen mischen, mit Salz und Pfeffer abschmecken und sehr heiß servieren.

Omelett mit Romanesco

Ein Omelett ist das ideale Gericht, wenn es mal schnell gehen muss, und es lässt sich auch mit allem verfeinern, was Ihnen gerade in den Sinn kommt.

FÜR 4 PERSONEN
ZUBEREITUNG: 15 Minuten • KOCHZEIT: 30 Minuten

1 Romanesco • 8 Eier • ½ Bund Schnittlauch • 2 Frühlingszwiebeln • 2 EL Olivenöl • 1 Prise Piment d'Espelette • Salz und frisch gemahlener Pfeffer

Den Romanesco in Röschen zerteilen, unter fließendem Wasser waschen und 20 Minuten dämpfen.

Die Eier in einer Schüssel mit einer Gabel kräftig verrühren und mit Salz und Pfeffer würzen. Den Schnittlauch waschen, trocken schleudern und in Röllchen schneiden. Die Frühlingszwiebeln waschen und mit dem Grün in feine Ringe schneiden.

Das Öl in einer großen beschichteten Pfanne erhitzen und die Hälfte der Frühlingszwiebeln goldgelb darin anschwitzen. Die Eier in die Pfanne gießen, den Romanesco hinzufügen, mit Salz und Pfeffer würzen und die Eier 5–10 Minuten bei geringer Hitze stocken lassen. Kurz bevor das Omelett fertig ist, den Schnittlauch und die restlichen Frühlingszwiebeln hinzufügen. Das Omelett mit Piment d'Espelette bestreuen und sehr heiß servieren.

Chutney aus Andenhorn-Tomaten

Servieren Sie dieses Chutney zu Foie gras oder auf
Landbrot mit Ziegenfrischkäse.

ERGIBT 1 GLAS
ZUBEREITUNG: 25 Minuten • KOCHZEIT: 90 Minuten

1 kg Andenhorn-Tomaten • 3 Knoblauchzehen • 2 EL Olivenöl • 70 g Zucker • Saft
von 1 Zitrone • 2 EL gemahlener Kreuzkümmel • 1 TL mildes Paprikapulver
• 1 EL Balsamicoessig • Salz und frisch gemahlener Pfeffer

Die Tomaten mit einem spitzen Messer kreuzweise einritzen und
30 Sekunden in reichlich kochendem Wasser blanchieren. Abseihen,
unter fließendem kaltem Wasser abschrecken und die Schale abziehen. Die Tomaten halbieren, die Samen entfernen und das Fruchtfleisch fein würfeln. Den Knoblauch schälen und fein schneiden.

Das Öl in einem Schmortopf erhitzen. Die Tomaten mit Knoblauch,
Zucker, Zitronensaft, Kreuzkümmel und Paprikapulver dazugeben,
mit Salz und Pfeffer würzen und 45 Minuten bei geringer Hitze
köcheln lassen.

Den Balsamicoessig hinzufügen und das Chutney weitere 45 Minuten köcheln lassen, bis die Tomaten zerfallen sind. In ein Glas
füllen, gut verschließen, das Glas auf den Kopf stellen und das
Chutney abkühlen lassen.

Tomatensuppe mit Mozzarellacreme

Genau das Richtige für kühle Sommertage ist diese mit Mozzarellacreme gekrönte heiße Tomatensuppe.

FÜR 4 PERSONEN
ZUBEREITUNG: 30 Minuten • KÜHLZEIT: 1 Stunde • KOCHZEIT: 30 Minuten

FÜR DIE MOZZARELLACREME: 2 Kugeln Mozzarella • 10 frische, sehr aromatische Basilikumblätter • 100 ml Sahne • Salz und frisch gemahlener Pfeffer

FÜR DIE SUPPE: 10 große, vollreife Tomaten • 2 Knoblauchzehen • 1 Zwiebel • 1 Stange Sellerie • 2 EL Olivenöl • 1 Zweig Rosmarin

Für die Mozzarellacreme den Mozzarella mit Basilikum und Sahne im Mixer pürieren. Mit Salz und Pfeffer würzen und noch einmal durchrühren. Die Creme in eine kleine Schüssel füllen und für 1 Stunde kalt stellen.

Inzwischen die Suppe zubereiten. Die Tomaten kreuzweise einritzen und 30 Sekunden in reichlich kochendem Wasser blanchieren. Abseihen, unter fließendem kaltem Wasser abschrecken, enthäuten, halbieren und die Samen entfernen. Den Knoblauch und die Zwiebel schälen und fein schneiden. Den Sellerie in Scheiben schneiden.

Das Öl in einem Schmortopf erhitzen und den Knoblauch mit Zwiebel und Sellerie darin anschwitzen. Die Tomaten und den Rosmarinzweig hinzufügen, mit Salz und Pfeffer würzen, mit Wasser bedecken und 30 Minuten köcheln lassen. Den Rosmarinzweig anschließend entfernen und die Tomatenmasse im Mixer pürieren.

Die Suppe noch einmal abschmecken und auf vier Suppenschalen verteilen. Mit einem Löffel vier Klößchen von der Mozzarellacreme abstechen und die Suppe damit garnieren. Mit etwas Pfeffer übermahlen und servieren.

Tomatenkonfitüre mit Vanille

Diese Tomatenkonfitüre ist nicht nur zum Frühstück ein Genuss. Ganz wichtig: Verwenden Sie unbedingt vollreife, sonnengereifte Tomaten.

ZUBEREITUNG: 25 Minuten • KOCHZEIT: 1 Stunde

800 g Ochsenherz-Tomaten • 450 g Zucker • 1 Vanilleschote

Die Tomaten kreuzweise einritzen und 30 Sekunden in reichlich kochendem Wasser blanchieren. Abseihen, unter fließendem kaltem Wasser abschrecken und enthäuten. Die Tomaten halbieren, die Samen entfernen und das Fruchtfleisch klein schneiden.

Die Tomatenstücke mit dem Zucker und der längs halbierten Vanilleschote in eine Kasserolle geben und 30 Minuten bei geringer Hitze köcheln lassen.

Die Tomaten anschließend in ein Sieb abgießen und den Saft auffangen. Den Saft 20 Minuten kochen, wieder unter die Tomaten rühren und das Ganze nochmals 10 Minuten kochen lassen.

Die Konfitüre mit der Vanilleschote in Gläser füllen und verschließen. Die Gläser auf den Kopf stellen und die Konfitüre abkühlen lassen.

Bunte Tomaten mit Mozzarella

Hier eine bunte Variante der berühmten italienischen „Insalata Caprese", die Sie nach Belieben noch mit schwarzen Oliven, Parmesanspänen, eingelegten Paprikaschoten oder getrockneten Tomaten anreichern können.

FÜR 4 PERSONEN
ZUBEREITUNG: 20 Minuten

1 gelbe Tomate • 1 schwarze Krim-Tomate • 1 Ochsenherz-Tomate • 2 grüne Tomaten (z. B. Green Zebra) • 1 Andenhorn-Tomate • 2 Kugeln geräucherter Mozzarella • 50 g Pinienkerne • ½ Bund Basilikum • 12 dünne Scheiben Bresaola (oder Bündner Fleisch) • 6 EL Olivenöl • Salz und frisch gemahlener Pfeffer

Die Tomaten waschen, abtrocknen und in dünne Scheiben schneiden. Den Mozzarella ebenfalls in Scheiben schneiden. Die Pinienkerne in einer beschichteten Pfanne ohne Fett rösten. Das Basilikum waschen, trocken schleudern und fein hacken.

Die Tomatenscheiben auf vier Portionsschalen verteilen und mit Salz und Pfeffer würzen. Mit den Mozzarellascheiben und dem in Streifen geschnittenen Rinderschinken garnieren, mit Pinienkernen und Basilikum bestreuen und mit dem Olivenöl beträufeln. Den Salat gut gekühlt genießen.

Bunte Tomatentarte

Besonders dekorativ sieht diese Tarte aus, wenn
Sie je eine rote, gelbe, grüne, orangefarbene und schwarze
Tomate verwenden.

FÜR 4 PERSONEN
ZUBEREITUNG: 30 Minuten • KÜHLZEIT: 30 Minuten • BACKZEIT: 45 Minuten

4 verschiedenfarbige Tomaten • 2 EL Olivenöl • 3 Stängel Majoran • Fleur de Sel und
frisch gemahlener Pfeffer

FÜR DEN TEIG: 300 g Mehl • 1 kräftige Prise Fleur de Sel • 50 ml Olivenöl

Für den Teig das Mehl mit Fleur de Sel in eine Schüssel sieben.
50 Milliliter Wasser und das Olivenöl hinzufügen und die Zutaten
mit den Händen zu einem glatten Teig verarbeiten. Zu einer Kugel
formen, in Frischhaltefolie einschlagen und für 30 Minuten in den
Kühlschrank legen.

Den Backofen auf 180 °C vorheizen. Die Tomaten waschen, trocknen
und in sehr dünne Scheiben schneiden. Den Teig auf der bemehlten
Arbeitsfläche zu einer dünnen Scheibe ausrollen und mehrfach mit
einer Gabel einstechen. Auf ein mit Backpapier ausgelegtes Backblech legen. Mit 1 Esslöffel Olivenöl beträufeln, mit Majoranblätt-
chen bestreuen und die Tomatenscheiben rosettenförmig darauf
verteilen. Mit Fleur de Sel und Pfeffer würzen, mit dem restlichen
Öl beträufeln und etwa 45 Minuten backen. Die Tarte lauwarm oder
kalt genießen.

Tomaten-Milchshake mit Tonkabohne

Ein erfrischender Drink für heiße Sommertage,
den man gut gekühlt mit ein paar Eiswürfeln
genießt. Die Tomaten sollten Sie allerdings nicht kühl
lagern, sie verlieren sonst ihr Aroma.

ERGIBT 4 GLÄSER
ZUBEREITUNG: 10 Minuten

6 große gelbe Tomaten • 2 Becher Naturjoghurt, gut gekühlt und durchgerührt
• 4 EL Zucker • 100 ml Vollmilch • ½ Tonkabohne

Die Tomaten waschen, trocknen und in große Stücke schneiden.
Mit Joghurt, Zucker und Milch im Mixer pürieren.

Die Tonkabohne darüberreiben, den Shake noch einmal kräftig
durchrühren, bis er glatt und schaumig ist.

Den Tomaten-Milchshake sofort mit ein paar Eiswürfeln servieren.

Bratäpfel mit Zitronen- verbenencreme

FÜR 4 PERSONEN
ZUBEREITUNG: 25 Minuten • ZIEHZEIT: 30 Minuten • KOCHZEIT: 75 Minuten

4 Äpfel (z.B. Kanadarenette) • 2 EL Pinienkerne • 30 g Pistazien, gemahlen • 30 g Haselnüsse, gemahlen • 40 g mild gesalzene Butter

FÜR DIE CREME: 500 ml Milch • 10 Zitronenverbenenblätter • 5 Eigelb • 100 g Zucker

Für die Creme die Milch in einer Kasserolle erhitzen. Den Topf vom Herd nehmen, die Zitronenverbenenblätter hinzufügen und 30 Minuten in der Milch ziehen lassen. In einer Schüssel die Eigelbe mit dem Zucker aufschlagen. Die Milch abseihen und mit dem Schneebesen unter die Eigelb-Zucker-Mischung schlagen. Die Mischung in die Kasserolle zurückgießen und einige Minuten bei geringer Hitze kochen lassen. Dabei ständig mit einem Holzlöffel umrühren. Die Creme ist fertig, wenn sie am Löffelrücken haften bleibt. Dann in eine Schüssel füllen und abkühlen lassen. Dabei gelegentlich umrühren. Die erkaltete Creme kalt stellen.

Den Backofen auf 180 °C vorheizen. Die Äpfel waschen und die Kerngehäuse herausstechen. Die Pinienkerne grob hacken und mit den Pistazien und Haselnüssen mischen. Die Äpfel in eine Auflaufform stellen und mit der Nussmischung füllen. Mit Butterflöckchen besetzen und etwa 1 Stunde im Backofen garen. Die Bratäpfel sofort mit der gut gekühlten Zitronenverbenencreme servieren.

Pesto aus Rotem Basilikum

Mit seiner intensiven rotvioletten Farbe
verleiht Rotes Basilikum diesem Pesto farblich wie
geschmacklich eine besondere Note.

FÜR 4 PERSONEN
ZUBEREITUNG: 15 Minuten

2 Bund Rotes Basilikum • 2 Knoblauchzehen • 30 g Pinienkerne • 40 g Parmesan,
gerieben • 150 ml Olivenöl

Die Basilikumblätter abzupfen, waschen und trocken tupfen. Den
Knoblauch schälen und fein schneiden.

Das Basilikum mit Knoblauch, Pinienkernen und Parmesan im
Mixer pürieren und dabei nach und nach das Öl einlaufen lassen,
bis eine homogene Paste entstanden ist.

Vorzüglich schmeckt dieses Pesto beispielsweise zu gebratenen
Gambas.

Ananassalbeicreme

Diese kleinen Cremedesserts lassen sich mit allen möglichen Aromen verfeinern. Sie schmecken nicht nur köstlich, wenn man sie mit Vanille, Zitrusfrüchten oder Schokolade aromatisiert, man kann sie ebenso gut mit Kräutern wie Basilikum, Zitronenverbene oder Zitronenthymian zubereiten.

FÜR 6 PERSONEN
ZUBERFITUNG: 25 Minuten • ZIEHZEIT: 30 Minuten • KOCHZEIT: 50 Minuten • KÜHLZEIT: 2 Stunden

4 Zweige Ananassalbei • 350 ml Milch • 250 g Crème double • 5 Eigelb • 100 g Zucker

Den Backofen auf 120 °C vorheizen. Den Salbei waschen und trocken tupfen. In einer Kasserolle die Milch mit der Crème double erhitzen. Den Topf vom Herd nehmen, den Salbei hinzufügen und 30 Minuten ziehen lassen.

Inzwischen die Eigelbe mit dem Zucker aufschlagen. Die Salbeimilch abseihen und mit dem Schneebesen kräftig mit der Eigelb-Zucker-Mischung verrühren. Die Creme auf Förmchen verteilen, in ein Wasserbad stellen und 50 Minuten im Backofen garen (die Cremes sollten am Ende der Garzeit noch nicht ganz fest sein).

Die Cremes abkühlen lassen und vor dem Servieren für 2 Stunden kalt stellen.

Rhabarberkonfitüre mit Rosengeranienblättern

Die Rosengeranienblätter verleihen der säuerlichen Rhabarberkonfitüre eine köstliche, süßlich-blumige Note.

ERGIBT 2 GLÄSER À ETWA 150 GRAMM
ZUBEREITUNG: 20 Minuten • ZIEHZEIT: 6 Stunden • KOCHZEIT: 55 Minuten

1 kg Rhabarber • 1 kg Zucker • 4 Rosengeranienblätter

Den Rhabarber abfädeln und in Stücke schneiden. Mit dem Zucker in einen Topf füllen und 6 Stunden ziehen lassen.

Den Topf auf die Herdplatte stellen und den Rhabarber etwa 30 Minuten kochen. Anschließend in ein Sieb abgießen und den Saft auffangen. Den Saft in eine Stielkasserolle gießen und 15 Minuten bei starker Hitze kochen lassen. Den Sirup unter den Rhabarber rühren, den Topf auf die Herdplatte stellen und die Konfitüre noch 10 Minuten kochen lassen.

In jedes Glas 2 Geranienblätter legen und die Konfitüre einfüllen. Die Gläser verschließen, auf den Kopf stellen und die Konfitüre abkühlen lassen.

Cannelloni mit Mangold

Falls Sie ihn bekommen, können Sie den Ricotta
auch durch korsischen Brocciu – einen Frischkäse aus Ziegen-
oder Schafsmilch – ersetzen.

FÜR 4 PERSONEN
ZUBEREITUNG: 20 Minuten • KOCHZEIT: 20 Minuten

1 Bund Mangold • 1 Bund Minze • 2 EL Olivenöl • 250 g Ricotta • 1 Ei • 8 Lasagneblätter • 200 ml Sahne • 50 g Parmesan, gerieben • Salz und frisch gemahlener
Pfeffer

Den Backofen auf 180 °C vorheizen. Die Mangoldstiele abfädeln,
dann zusammen mit den Mangold- und Minzeblättern waschen,
trocknen und fein schneiden.

Das Öl erhitzen und den Mangold mit der Minze 2 Minuten darin
zusammenfallen lassen. Den Ricotta mit einer Gabel glatt rühren,
das Ei untermischen und mit Salz und Pfeffer würzen. Die Mischung
anschließend mit dem Mangold und der Minze vermengen.

Die Lasagneblätter nach Packungsanweisung in reichlich Salzwasser kochen. Abseihen und mit kaltem Wasser abschrecken. Die
Blätter halbieren und auf jeder Hälfte etwas Mangoldfarce verteilen.
Die Blätter aufrollen und mit der Naht nach unten nebeneinander
in eine Auflaufform schichten. Mit der Sahne übergießen, mit Salz
und Pfeffer würzen und mit dem Parmesan bestreuen. Die Cannel-
loni etwa 15 Minuten im Backofen goldbraun überbacken.

Mangold-Torteletts

Noch so ein Gemüse, bei dem Ihre Kinder vermutlich das Gesicht verziehen. Aber mit diesen leckeren Törtchen kriegen Sie sie garantiert herum.

FÜR 4 PERSONEN
ZUBEREITUNG: 25 Minuten • KÜHLZEIT: 1 Stunde • BACKZEIT: 40 Minuten

75 g Cocktailtomaten • 1 Bund Koriander • ½ Bund Mangold • 1 Zwiebel • 2 EL Olivenöl • 200 ml Vollmilch • 3 Eier • 40 g Pinienkerne • Salz und frisch gemahlener Pfeffer

FÜR DEN TEIG: 300 g Mehl • 1 kräftige Prise Fleur de Sel • 50 ml Olivenöl

Für den Teig das Mehl mit Fleur de Sel in eine Schüssel sieben. 50 Milliliter Wasser und das Öl hinzufügen und das Ganze zu einem Teig verrühren. Den Teig kurz mit den Händen durchkneten, zu einer Kugel formen, in Frischhaltefolie einschlagen und für 1 Stunde in den Kühlschrank legen.

Den Backofen auf 180 °C vorheizen. Tomaten, Koriandergrün und Mangold waschen und trocknen. Die Mangoldstiele abfädeln und mit den Blättern fein schneiden. Das Koriandergrün ebenfalls fein hacken. Die Tomaten halbieren. Die Zwiebel schälen und fein schneiden.

Das Öl in einer Sauteuse erhitzen und die Zwiebel goldgelb anschwitzen. Koriandergrün und Mangold dazugeben und 2 Minuten zusammenfallen lassen.

In einer Schüssel die Milch mit den Eiern kräftig verrühren. Mit Salz und Pfeffer würzen. Die Tomaten und die Mangoldmischung unterrühren.

Den Teig auf der bemehlten Arbeitsfläche ausrollen und vier Tortelettförmchen damit auskleiden. Die Mangoldmischung auf die Förmchen verteilen, mit Pinienkernen bestreuen, mit Salz und Pfeffer würzen und die Torteletts 40 Minuten backen. Die Mangold-Torteletts lauwarm oder kalt servieren.

Risotto mit Cardy

Schnell und einfach zuzubereiten und trotzdem
lecker – mit einem Risotto liegen Sie immer richtig.
Und sparen Sie nicht am Parmesan!
Wer will, kann das Ganze zum Schluss noch mit
etwas Trüffelöl verfeinern.

FÜR 4 PERSONEN
ZUBEREITUNG: 20 Minuten • KOCHZEIT: 30 Minuten

1 Zwiebel • 700 g Cardy • 2 EL Olivenöl • 400 g Arborio-Reis • 150 ml Weißwein
• 1 l Instant-Geflügelbrühe • 50 g Parmesan, in Späne gehobelt • Salz und frisch
gemahlener Pfeffer

Die Zwiebel schälen und in feine Ringe schneiden. Die Cardy schälen und in Scheiben schneiden, dann 10 Minuten in reichlich
Salzwasser kochen und abseihen.

Das Öl in einem Schmortopf erhitzen und die Zwiebel mit den
Cardyscheiben darin anschwitzen. Den Reis hinzufügen und so
lange rühren, bis die Körner mit dem Öl überzogen sind. Den Wein
angießen und das Ganze 2 Minuten unter Rühren kochen lassen,
bis der Reis den Wein aufgesogen hat. 1 Schöpflöffel Brühe angießen
und den Reis kochen lassen, bis er die Brühe aufgesogen hat. Den
Vorgang so lange wiederholen, bis die Brühe aufgebraucht und der
Reis gar ist (das dauert etwa 20 Minuten).

Zum Schluss den Parmesan unter den Risotto mischen, mit Salz
und Pfeffer abschmecken und sofort servieren. Wer mag, kann den
Risotto vor dem Servieren noch mit fein gehacktem Koriandergrün
bestreuen.

Cardy in Hühnerbrühe

Wenn's mal schnell gehen muss, können Sie die Brühe auch mit einem Brühwürfel herstellen. Wer mag, kann die Suppe noch mit Karotten oder Fenchel anreichern.

FÜR 4 PERSONEN
ZUBEREITUNG: 25 Minuten • KOCHZEIT: 70 Minuten

1 Zwiebel • 1 Karotte • 3 EL Olivenöl • 2 Zweige Thymian • 6 Hähnchenflügel • 1 kg Cardy • 1 TL rosa Pfefferbeeren • Salz und frisch gemahlener Pfeffer

Die Zwiebel schälen und in feine Ringe schneiden. Die Karotte schaben und in Scheiben schneiden. 2 Esslöffel Öl in einem Schmortopf erhitzen und die Zwiebel mit Karotte und Thymian 2 Minuten darin anschwitzen. Die Hähnchenflügel dazugeben und rundherum anbraten. 400 Milliliter Wasser angießen und das Ganze 40 Minuten zugedeckt bei geringer Hitze kochen lassen.

Inzwischen die Cardy waschen, schälen und klein schneiden.

Die Hühnerbrühe abseihen. Das restliche Öl in einer Pfanne erhitzen und die Cardy darin anschwitzen. Mit der Hühnerbrühe bedecken und 25 Minuten bei geringer Hitze garen. Mit Salz und Pfeffer abschmecken, mit den zerstoßenen rosa Pfefferbeeren bestreuen und zu weißem Fleisch servieren.

Brennnesselsuppe

Dass man sich vor der Berührung der behaarten
Brennnesselblätter hüten sollte, ist
allgemein bekannt. Lassen Sie sich davon aber nicht
abschrecken – Sie werden es nicht bereuen!

FÜR 4 PERSONEN
ZUBEREITUNG: 25 Minuten • KOCHZEIT: 35 – 40 Minuten

500 g Brennnesselblätter • 3 Kartoffeln • 2 Zwiebeln • 2 EL Olivenöl • 100 g Crème
double • frisch geriebene Muskatnuss • Salz und frisch gemahlener Pfeffer

Die Brennnesselblätter – am besten mit Handschuhen – waschen
und abtropfen lassen. Die Kartoffeln schälen und in Stücke schneiden. Die Zwiebeln schälen und in feine Ringe schneiden.

Das Öl in einem Schmortopf erhitzen und die Zwiebeln darin
anschwitzen. Kartoffeln und Brennnesseln dazugeben, gut umrühren und 1 Liter Wasser angießen. Mit Salz und Pfeffer würzen und
das Ganze zugedeckt 35 – 40 Minuten kochen lassen, bis die Kartoffeln weich sind.

Die Hälfte der Kochflüssigkeit abnehmen. Den restlichen Topfinhalt
im Mixer pürieren und dabei nach und nach die Kochflüssigkeit
wieder hinzufügen. Zum Schluss die Crème double unterrühren.
Die Suppe mit Muskatnuss, Salz und Pfeffer abschmecken, noch
einmal durchrühren und sehr heiß servieren.

Salat von Rote-Bete-Blättern und Mönchsbart

FÜR 4 PERSONEN
ZUBEREITUNG: 15 Minuten • KOCHZEIT: 10 Minuten

75 g junge, rote Rote-Bete-Blätter • 75 g Mönchsbart • 12 Scheiben Speck • 2 EL Olivenöl • 3 EL Haselnussöl • 4 Eier • Salz und frisch gemahlener Pfeffer

Rote-Bete-Blätter und Mönchsbart gründlich waschen und trocknen. In einem großen Topf reichlich Wasser zum Kochen bringen.

Den Speck in einer großen beschichteten Pfanne auf jeder Seite 2–3 Minuten knusprig braten und auf Küchenpapier entfetten.

Die Rote-Bete-Blätter mit dem Mönchsbart in eine Salatschüssel füllen und mit den beiden Ölen, Salz und Pfeffer würzen. Den Salat anschließend auf vier Tellern anrichten.

Die Eier im kochenden Wasser 5 Minuten kochen. Inzwischen den Speck auf die Teller verteilen. Die Eier kurz abschrecken, pellen und auf dem Salat anrichten. Mit Salz und Pfeffer würzen und kurz vor dem Servieren einschneiden, damit sich der Dotter auf dem Teller verteilt.

Mini-Pizzas mit Winterportulak

ERGIBT 6 STÜCK
ZUBEREITUNG: 30 Minuten • RUHEZEIT: 90 Minuten • BACKZEIT: 10 Minuten

20 g Mascarpone • 200 g Crème double • 24 Cocktailtomaten • 24 kleine Mozzarel-
lakugeln • 6 EL Olivenöl • 100 g Winterportulak • Salz und frisch gemahlener Pfeffer

FÜR DEN PIZZATEIG: 300 g Mehl • 1 Päckchen Hefe • 1 TL Salz • 100 ml lauwarmes
Wasser • 35 ml Olivenöl

Für den Teig das Mehl in eine Schüssel füllen. Die Hefe mit dem
Salz und dem lauwarmen Wasser verrühren und 15 Minuten ruhen
lassen. Die Hefe zum Mehl geben und das Ganze miteinander ver-
kneten. Nach und nach das Öl hinzufügen, bis ein homogener,
elastischer Teig entstanden ist. Den Teig auf der bemehlten Arbeitsfläche durchkneten, in eine Schüssel legen und mit einem sauberen
Geschirrtuch abgedeckt 90 Minuten an einem warmen Platz gehen
lassen, bis er sein Volumen verdoppelt hat. Den Teig anschließend
auf der bemehlten Arbeitsfläche ausrollen.

Den Backofen auf 210 °C vorheizen. 6 Kreisscheiben aus dem Teig
ausschneiden und auf ein mit Backpapier ausgelegtes Backblech
legen. Den Mascarpone mit der Crème double verrühren und die
Pizzaböden damit bestreichen. Die Tomaten und die Mozzarella-
kugeln halbieren und auf den Böden verteilen. Mit Olivenöl beträufeln, mit Salz und Pfeffer würzen. Die Pizzas 10 Minuten backen,
bis der Teig durchgebacken und die Oberfläche leicht gebräunt ist.
Den Portulak waschen und trocken schleudern, auf den Pizzas
verteilen und sofort servieren.

Löwenzahnsalat mit Wilder Zichorie

Dieser knackige, aromatische Salat mit den langen, schmalen Blättern macht auch optisch etwas her.

FÜR 4 PERSONEN
ZUBEREITUNG: 20 Minuten

75 g junge Löwenzahnblätter • 75 g Wilde Zichorie • 175 g Stilton • 2 Äpfel (z. B. Pink Lady®) • 40 g Walnusskerne • 40 g Haselnüsse • 1 Schalotte • 4 EL Olivenöl • 2 EL Walnussöl • Salz und frisch gemahlener Pfeffer

Löwenzahn und Zichorie gründlich waschen und trocken schleudern. Den Stilton in kleine Stücke schneiden. Die Äpfel waschen, das Kerngehäuse ausstechen und das Fruchtfleisch in dünne Scheiben schneiden. Die Nüsse fein hacken. Die Schalotte schälen und in feine Ringe schneiden.

In einer kleinen Schüssel die beiden Öle mit der Schalotte verrühren.

Löwenzahn und Zichorie auf vier Teller verteilen. Den Käse und die Apfelscheiben darauf anrichten, die Nüsse darüberstreuen und den Salat mit der Sauce beträufeln. Mit Salz und Pfeffer würzen. Dazu nach Belieben geröstetes Brot servieren.

Butternusskürbis-Suppe mit Kardamom

Diese Suppe müssen Sie einfach probieren! Sie eignet sich ebenso gut als einfaches Abendessen wie für eine Abendeinladung. Und Figurbewusste müssen nicht um ihre schlanke Linie fürchten, denn die Suppe ist zwar wunderbar cremig, kommt dabei aber ganz ohne Sahne aus.

FÜR 4 PERSONEN
ZUBEREITUNG: 15 Minuten • KOCHZEIT: 35 Minuten

1 mittelgroßer Butternusskürbis • 1 Schalotte • 20 g mild gesalzene Butter • 4 grüne Kardamomkapseln • Salz und frisch gemahlener Pfeffer

Den Kürbis schälen und in grobe Stücke schneiden. Die Schalotte schälen und fein schneiden.

Die Butter in einer Kasserolle zerlassen und die Schalotte mit dem Kürbis 3–4 Minuten anschwitzen. Mit Salz und Pfeffer würzen und mit Wasser bedecken. Den Kardamom hinzufügen, den Deckel auflegen und den Kürbis etwa 30 Minuten kochen, bis er sehr weich ist. Um die Garprobe zu machen, mit einer Gabel hineinstechen.

Die Kardamomkapseln entfernen, den Topfinhalt in den Mixer gießen und fein pürieren. Die Suppe noch einmal abschmecken und sehr heiß servieren.

Gebackener Hokkaidokürbis mit Zimt

Der Hokkaidokürbis schmeckt besonders gut
mit Gewürzen wie Zimt, Muskat oder Kreuzkümmel,
aber auch mit Vanille.

FÜR 4 PERSONEN
ZUBEREITUNG: 15 Minuten • KOCHZEIT: 35–40 Minuten

1 großer oder 2 kleine Hokkaidokürbisse • 4 EL Olivenöl • 1 gehäufter EL Zimt • Salz und frisch gemahlener Pfeffer

Den Backofen auf 180 °C vorheizen. Den Kürbis unter fließendem Wasser abbürsten, trocknen, halbieren und in etwa 1 Zentimeter dicke Scheiben schneiden. Die Kerne entfernen, den Kürbis aber nicht schälen.

Die Scheiben auf einem mit Backpapier ausgelegten Backblech oder in einer Auflaufform verteilen, mit Olivenöl beträufeln, mit Salz und Pfeffer würzen und mit dem Zimt bestreuen. Den Kürbis 35–40 Minuten backen, bis er weich und schön gebräunt ist.

Den Kürbis direkt aus dem Backofen, beispielsweise zu Entenbrust, servieren oder kalt mit einem fruchtigen Olivenöl genießen.

Gestürzte Moschuskürbis-Tarte

FÜR 4 PERSONEN
ZUBEREITUNG: 20 Minuten • BACKZEIT: 35 Minuten

1 Moschuskürbis (350 g) • 75 g Zucker • 50 g mild gesalzene Butter, in kleine Stücke geschnitten • 1 Portion backfertiger Blätterteig • Salz und frisch gemahlener Pfeffer

Den Backofen auf 180 °C vorheizen. Den Kürbis schälen, entkernen und in gleichmäßige Stücke schneiden.

In einer Kasserolle den Zucker mit 1 Esslöffel Wasser langsam erhitzen, bis ein goldgelber Karamell entstanden ist. Den Topf vom Herd nehmen und die Butter mit einem Holzlöffel unterrühren. Den Karamell anschließend auf dem Boden einer Tarteform verteilen.

Den Kürbis mit Salz und Pfeffer würzen und möglichst gleichmäßig auf dem Karamell verteilen. Den Blätterteig zu einer Scheibe im Durchmesser der Form ausrollen. Auf die Kürbisstücke legen, am Rand gut andrücken und die Oberfläche mehrmals mit einer Gabel einstechen. Die Tarte etwa 35 Minuten backen.

Die fertige Tarte 5–10 Minuten in der Form abkühlen lassen, auf eine Platte stürzen und sofort mit einem mit Haselnussöl gewürzten Blattsalat servieren.

Patidou mit Muskatsahne

Das milde, cremige Fruchtfleisch des Patidou
bietet sich geradezu dafür an, daraus eine
Füllung herzustellen. Dieses leckere Gericht wird
selbst die kleinen Tischgäste begeistern.

FÜR 4 PERSONEN
ZUBEREITUNG: 15 Minuten • KOCHZEIT: 45 Minuten

4 kleine Patidous • 400 ml Sahne • frisch geriebene Muskatnuss • 50 g Parmesan,
frisch gerieben • Salz und frisch gemahlener Pfeffer

Den Backofen auf 180 °C vorheizen. Von den Kürbissen einen Deckel
abschneiden und aus der Mitte etwas Fruchtfleisch herauslösen,
sodass eine Vertiefung entsteht. Die Sahne in die Vertiefungen
gießen und mit Salz, Pfeffer, reichlich Muskatnuss und dem
Parmesan bestreuen.

Die Patidous in die mit Backpapier ausgelegte Fettpfanne des Backofens setzen und 45 Minuten garen. Sie sind fertig, wenn die Oberfläche leicht gratiniert und das Fruchtfleisch weich ist. Die Patidous
sofort genießen.

Pâtisson mit Hähnchenfrikassee

Der Pâtisson, ein Verwandter der Zucchini,
zeichnet sich durch ein besonders feines Fruchtfleisch aus.

FÜR 2 PERSONEN
ZUBEREITUNG: 25 Minuten • KOCHZEIT: 50 Minuten

1 große Karotte • 1 Zucchini • 1 große Schalotte • 1 Hähnchenbrustfilet • ½ Bund
Minze • 1 mittelgroßer Pâtisson • 2 EL Olivenöl • 200 g Crème double • Salz und frisch
gemahlener Pfeffer

Den Backofen auf 180 °C vorheizen. Die Karotte schaben, die
Zucchini waschen und trocknen und beides fein würfeln. Die
Schalotte schälen und in feine Ringe schneiden. Das Fleisch in
kleine Würfel schneiden und mit Salz und Pfeffer würzen. Die
Minze waschen, trocken schleudern und fein hacken. Von dem
Kürbis einen Deckel abschneiden und die Kerne entfernen. Das
Fruchtfleisch herauslösen und in dünne Scheiben schneiden.

Das Öl in einer Pfanne erhitzen und die Schalotte darin anschwitzen. Das Fleisch dazugeben und rundherum anbräunen. Karotte,
Zucchini und das Kürbisfruchtfleisch hinzufügen, mit Salz und
Pfeffer würzen und das Ganze 3 Minuten kochen lassen. Crème
double und Minze einrühren und die Mischung in den ausgehöhl-
ten Pâtisson füllen.

Den Kürbis in die Fettpfanne des Backofens setzen und 45 Minuten
backen, bis die Oberfläche schön gebräunt ist. Sehr heiß servieren.

Kürbiskuchen

Diesen leckeren Kuchen kann man lauwarm
oder kalt genießen. Wichtig ist vor allem, dass er nicht
zu lange gebacken wird, denn der Teig sollte nach
dem Backen noch sehr weich sein.

FÜR 4 – 6 PERSONEN
ZUBEREITUNG: 25 Minuten • KOCH- UND BACKZEIT: 70 – 80 Minuten

1 Stück Riesenkürbis (450 g) • 120 g mild gesalzene Butter, zerlassen, und Butter
für die Form • 1 Vanilleschote • 200 g Farinzucker • 4 Eier • 100 ml Orangensaft
• 300 g Mehl und Mehl für die Form • 1 Päckchen Backpulver • 1 TL Zimt • 1 TL
gemahlener Ingwer • Puderzucker (nach Belieben)

Den Kürbis schälen, die Kerne entfernen und das Fruchtfleisch in
Stücke schneiden. Den Boden einer Kasserolle mit etwas Wasser
bedecken, 20 Gramm Butter hinzufügen und den Kürbis darin
20 Minuten zugedeckt garen. Dann abseihen und pürieren.

Den Backofen auf 180 °C vorheizen. Die Vanilleschote der Länge
nach aufschlitzen und das Mark mit einem kleinen Messer herausschaben.

In einer Schüssel den Zucker mit den Eiern verrühren. Die restliche
Butter und den Orangensaft unterrühren. Das abgekühlte Kürbispüree, Mehl, Backpulver, Vanillemark, Zimt und Ingwer hinzufügen und die Zutaten zu einem glatten, homogenen Teig verarbeiten.

Eine Rundform mit Butter einfetten und mit Mehl ausstauben. Den
Teig einfüllen und 50-60 Minuten backen, bis der Kuchen oben
goldgelb gebräunt ist. Den Kuchen vor dem Servieren nach Belieben
noch mit Puderzucker bestauben.

Pommes d'Or in Sirup

Bei diesen kleinen, süßen und schmackhaften „Goldäpfeln" handelt es sich in Wirklichkeit um eine Kürbissorte, die vor allem in Frankreich kultiviert wird. Pommes d'Or haben eine sehr harte Schale und eignen sich deshalb auch gut zum Füllen.

FÜR 4 PERSONEN
ZUBEREITUNG: 15 Minuten • KOCHZEIT: 45 Minuten

4 Pommes d'Or • 500 g Zucker • 150 g Farinzucker • 1 Bio-Blutorange

Die Pommes d'Or unter fließendem Wasser abbürsten und trocknen.

In einer großen Kasserolle 2 Liter Wasser mit Zucker und Farinzucker verrühren und die Mischung langsam erhitzen.

Die Orange unter fließendem Wasser abbürsten und schälen. Die Schale etwa 15 Minuten im Zuckersirup kochen.

Die Pommes d'Or rund um den Stiel mehrfach mit einer dicken Nadel einstechen, in den Sirup legen und 30 Minuten köcheln lassen.

Anschließend abseihen, die Pommes d'Or halbieren und die Hälften in Dessertschalen anrichten. Mit etwas Sirup beträufeln und mit Spekulatius und nach Belieben 1 Löffel Schlagsahne servieren.

Crêpes vom Spaghettikürbis

Sie werden Augen machen, wenn Sie diesen
Kürbis nach dem Kochen öffnen und darin richtige
goldgelbe Spaghetti vorfinden!

FÜR 4 PERSONEN
ZUBEREITUNG: 20 Minuten • KOCHZEIT: 30 Minuten • BACKZEIT: 4 Minuten pro Crêpe

1 mittelgroßer Spaghettikürbis • 3 Eier • 250 ml Milch • 250 g Mehl • 2 EL
Farinzucker und Farinzucker zum Bestreuen • 1 EL Sonnenblumenöl und Öl zum
Backen • Salz

Den Kürbis, so wie er ist, 30 Minuten in reichlich Wasser kochen.
Dabei darauf achten, dass er immer mit Wasser bedeckt ist. Anschlie-
ßend abkühlen lassen, halbieren und die „Spaghetti" herauslösen
(Sie benötigen 350 Gramm).

Die Eier mit Milch, Mehl, Farinzucker und 1 Prise Salz verrühren.
Zum Schluss das Öl und die „Spaghetti" untermengen.

Eine mit Öl eingefettete Pfanne sehr heiß werden lassen und nach-
einander die Crêpes (sie sollten nicht zu dick sein) darin backen.
Die obere Seite dabei vor dem Wenden mit Farinzucker bestreuen.
Die fertigen Crêpes bis zum Servieren warm halten.

Kürbis-Beignets

FÜR 4 PERSONEN
ZUBEREITUNG: 25 Minuten • BACKZEIT: 4 Minuten

1 Kürbis Longue de Nice • 50 g mild gesalzene Butter • 45 g Zucker • 1 Päckchen Vanillezucker • 250 g Mehl • 1 TL Zimt • ½ Päckchen Backpulver • 3 Eier • 1 l Öl zum Ausbacken • Puderzucker

Den Kürbis schälen, die Kerne entfernen und das Fruchtfleisch grob würfeln. 25 Gramm Butter in einer Sauteuse erhitzen und den Kürbis darin anschwitzen. So viel Wasser hinzufügen, dass der Boden gerade bedeckt ist. Die Sauteuse mit einem Stück Pergamentpapier abdecken und ein Loch in die Mitte des Papiers schneiden. Den Kürbis 25 Minuten kochen lassen, bis er weich ist. Um die Garprobe zu machen, mit einer Gabel hineinstechen. Den Kürbis abseihen und durch die Gemüsemühle drehen. 350 Gramm Kürbispüree abwiegen und mit der restlichen Butter, Zucker und Vanillezucker in einer Kasserolle erhitzen. Dabei ständig mit einem Holzlöffel rühren. Mehl, Zimt und Backpulver auf einmal dazugeben und danach die Eier einzeln unterrühren, bis ein dicker, homogener Teig entstanden ist.

Das Öl in einer Kasserolle erhitzen. Mit einem Teelöffel Kugeln vom Teig abstechen und in das heiße Öl gleiten lassen. Dabei darauf achten, dass sie nicht am Topfboden anhängen. Die Beignets in 4 Minuten goldgelb ausbacken, mit einem Schaumlöffel aus dem Topf heben und auf Küchenpapier abtropfen lassen. Mit Puderzucker bestauben und heiß genießen.

Kandierte Kumquats

ERGIBT ETWA 20 STÜCK
ZUBEREITUNG: 5 Minuten • KOCHZEIT: 15 Minuten • RUHEZEIT: 4 Tage
• TROCKENZEIT: 24 Stunden • RUHEZEIT BIS ZUM VERZEHR: 15 Tage

350 g Bio-Kumquats • 350 g Zucker • 100 g Kristallzucker

Die Kumquats kurz unter fließendem Wasser abbürsten und in einen Topf mit kaltem Wasser geben. Zum Kochen bringen und 2 Minuten köcheln lassen, dann abseihen. Den Zucker in einer Kasserolle mit 350 Milliliter Wasser verrühren, aufkochen und 5 Minuten köcheln lassen. Die Kumquats in ein hohes Gefäß füllen, mit dem heißen Sirup bedecken und 3 Tage ruhen lassen.

Die Kumquats über einer Kasserolle abseihen und wieder in das Gefäß füllen. Den Sirup erneut aufkochen und über die Kumquats gießen. Das Gefäß verschließen und die Früchte 1 Tag ruhen lassen.

Am folgenden Tag die Kumquats mit dem Sirup in eine Kasserolle gießen, aufkochen, 2 Minuten köcheln und danach vollständig abkühlen lassen. Den Vorgang noch drei Mal wiederholen. Die Früchte beim letzten Mal so lange kochen lassen, bis sie durchsichtig sind. Anschließend abseihen und 24 Stunden auf einem Kuchengitter trocknen lassen. Den Kristallzucker in einen tiefen Teller schütten und die Kumquats darin wälzen. In eine Dose füllen, luftdicht verschließen und 15 Tage an einem trockenen Platz ruhen lassen.

Zitronat

Zum Rohverzehr ist die Zedratzitrone zwar nicht
geeignet, doch wenn man sie kandiert, verwandelt sie sich
in eine wahre Köstlichkeit.

ERGIBT ETWA 30 STÜCK
ZUBEREITUNG: 10 Minuten • RUHEZEIT: 7½ Stunden • KOCHZEIT: etwa
1 Stunde • TROCKENZEIT: 2 Tage

2 Bio-Zedratzitronen • 1 gehäufter TL Salz • Kristallzucker

Die Zitronen unter fließendem Wasser abbürsten und abtrocknen.
In dünne Spalten schneiden. An den Schalen etwa 1 Zentimeter
der weißen Haut stehen lassen. Die Schalen mit dem Salz in einen
Topf mit kaltem Wasser geben, zum Kochen bringen und 5 Minuten
köcheln lassen. Abseihen und den Vorgang noch drei Mal wiederholen.

Die Schalen anschließend wiegen. Die gleiche Menge Wasser abmes-
sen und die gleiche Menge Kristallzucker abwiegen. Wasser und
Zucker in einer Kasserolle verrühren, aufkochen und 5 Minuten
köcheln lassen. Die Schalen hinzufügen und das Ganze weitere
5 Minuten köcheln lassen. Die Herdplatte ausschalten und die
Schalen im Sirup vollständig abkühlen lassen. Den Vorgang noch
drei Mal wiederholen und die Schalen danach 6 Stunden im Sirup
ziehen lassen.

Den Sirup bei geringer Hitze erneut zum Kochen bringen und die
Schalen noch einige Minuten kochen, bis sie durchsichtig werden.
Die Schalen abseihen und anschließend 2 Tage auf einem Kuchen-
gitter trocknen lassen. An einem trockenen Platz aufbewahren.

Schokoladencreme mit Bitterorange

Diese köstliche Schokoladencreme lässt sich mit vielen Aromen verfeinern, besonders gut harmoniert allerdings die Bitterorange mit dem feinen Schokoladengeschmack.

ERGIBT 8 KLEINE PORTIONEN
ZUBEREITUNG: 20 Minuten • RUHEZEIT: 30 Minuten • KOCHZEIT: 40 Minuten
• KÜHLZEIT: 2 Stunden

1 Vanilleschote • 2 Bio-Bitterorangen • 500 ml Vollmilch • 100 g Zartbitterschokolade • 2 EL ungesüßtes Kakaopulver • 2 Eier und 1 Eigelb • 70 g Demerarazucker

Die Vanilleschote der Länge nach aufschlitzen und das Mark mit einem kleinen Messer herausschaben. Die Orangenschale mit einem Zestenreißer abtrennen. Die Milch in einer Kasserolle mit Vanillemark und Orangenzesten aufkochen, vom Herd nehmen und 30 Minuten ziehen lassen.

Den Backofen auf 130 °C vorheizen. Die Schokolade im Wasserbad schmelzen. Anschließend die Milch und das Kakaopulver einrühren. Eier und Eigelb mit dem Zucker aufschlagen und ebenfalls unter die Schokolade ziehen. Die Creme auf acht hitzebeständige Förmchen verteilen, in ein Wasserbad stellen und 40 Minuten im Backofen garen (sie sollte am Ende der Garzeit noch nicht ganz fest sein).

Die Creme abkühlen lassen und vor dem Servieren für 2 Stunden kalt stellen.

Bitterorangen-marmelade

Die Orangen für diesen einfachen Marmeladen-klassiker unbedingt in hauchdünne Scheiben schneiden, damit sie beim Essen nicht stören.

ERGIBT 2 GLÄSER À ETWA 150 GRAMM
ZUBEREITUNG: 25 Minuten • ZIEHZEIT: 1 Nacht • KOCHZEIT: 30 Minuten

500 g Bio-Bitterorangen • 500 g Zucker

Die Orangen in hauchdünne Scheiben schneiden, die Scheiben vierteln und in eine große Schüssel füllen. Den Zucker in einer Kasserolle mit 600 Milliliter Wasser verrühren, zum Kochen bringen und 5 Minuten köcheln lassen. Die Orangen mit dem Sirup übergießen und über Nacht ziehen lassen.

Am folgenden Tag den Inhalt der Schüssel in eine Kasserolle umfüllen und etwa 30 Minuten köcheln lassen. Sobald die Marmelade die gewünschte Konsistenz hat, in Gläser füllen. Die Gläser verschließen, auf den Kopf stellen und die Marmelade abkühlen lassen.

Muffins mit Bergamotte

Schale und Saft dieser herrlichen Zitrusfrucht verleihen diesem Gebäck einen unvergleichlichen Geschmack. Wer mag, kann das Ganze noch mit weißen Schokoladensplittern krönen.

ERGIBT ETWA 12 STÜCK
ZUBEREITUNG: 20 Minuten • BACKZEIT: 25 Minuten

1 Becher Naturjoghurt • 115 g Demerarazucker • 100 g Vergoise-Zucker • 3 Eier • 300 g Mehl • 1 Päckchen Backpulver • 55 ml geschmacksneutrales Öl • 2 Bio-Bergamotten

Den Backofen auf 180 °C vorheizen. In einer Schüssel den Joghurt mit dem Schneebesen kräftig mit den beiden Zuckersorten und den Eiern verrühren. Mehl und Backpulver hinzufügen und das Ganze zu einem homogenen Teig verarbeiten. Zum Schluss das Öl unterrühren.

Die Bergamotten unter fließendem Wasser abbürsten und die Schalen mit einem Zestenreißer abtrennen. Die Früchte anschließend auspressen und den Saft mit den Zesten unter den Teig mischen.

Den Teig in die Vertiefungen einer Silikonmuffinform füllen und 25 Minuten backen. Die Muffins vor dem Servieren vollständig auskühlen lassen.

Quittenbrot

Einfach unwiderstehlich ist dieses süßliche, fruchtige Quittenbrot, das Sie vor dem Servieren auch noch in Kristallzucker wenden können.

ZUBEREITUNG: 15 Minuten • KOCHZEIT: 100 Minuten • RUHEZEIT: 24 Stunden

2 kg Quitten • Kristallzucker

Die Quitten abbürsten, um den Flaum zu entfernen. Anschließend waschen und mit der Schale in Stücke schneiden. Die Kerne in ein Stück Gaze einbinden und mit den Fruchtstücken in eine große Kasserolle geben. Mit Wasser bedecken und 40 Minuten köcheln lassen. Dann das Gaze-Säckchen wieder herausnehmen.

Die Quitten abseihen und fein pürieren. Das Püree abwiegen, in einer Kasserolle mit der gleichen Menge Kristallzucker vermischen und etwa 1 Stunde bei geringer Hitze köcheln lassen, bis sich die Masse von der Topfwand löst.

Eine rechteckige Form mit Frischhaltefolie auskleiden, die Masse gleichmäßig darin verstreichen und mindestens 24 Stunden bei Zimmertemperatur trocknen und fest werden lassen.

Das Quittenbrot in kleine Stücke schneiden und z. B. zu Schafskäse servieren.

Quitten in Sirup

Falls bei diesem Rezept Sirup übrig bleibt,
können Sie ihn noch einmal einkochen
lassen und zum Aromatisieren von Mineral-
wasser verwenden. Ein echter Genuss!

FÜR 4 PERSONEN
ZUBEREITUNG: 20 Minuten • KOCHZEIT: 50 Minuten

1 kg Zucker • 3 Sternanis • 2 Stangen Zimt • 5 Kardamomkapseln • 5 Sechuan-
Pfefferkörner • 4 Quitten • Saft von 1 Zitrone

Den Zucker und die Gewürze mit 1,5 Liter Wasser verrühren und
zum Kochen bringen. Die Quitten schälen und mit Zitronensaft
beträufeln. In den Sirup legen (dabei darauf achten, dass die Quitten vollständig mit Flüssigkeit bedeckt sind) und etwa 40 Minuten
köcheln lassen, bis sie weich sind.

Die Quitten im Sirup abkühlen lassen und anschließend in den
Kühlschrank stellen. Die Quitten nach Belieben mit zerkrümelten
Spekulatius bestreuen und im Sirup servieren.

Physalis-Bonbons

Diese köstliche Leckerei sollten Sie
nicht zu lange aufbewahren, damit der Karamell
nicht weich wird.

ERGIBT 20 STÜCK
ZUBEREITUNG: 5 Minuten • KOCHZEIT: 10 Minuten

20 Physalis • 100 g Zucker

Die papierdünne Hülle, die die Früchte umschließt, vorsichtig abziehen, sodass die Frucht sichtbar wird. Die Hülle dabei aber nicht von der Frucht abtrennen.

Den Zucker in einer Kasserolle bei geringer Hitze mit 4 Esslöffeln Wasser erhitzen, bis ein goldgelber Karamell entstanden ist. Inzwischen ein Stück Backpapier bereitlegen. Die Kasserolle vom Herd nehmen, die Physalis in den Karamell tauchen und zum Trocknen auf das Backpapier legen.

Sobald der Karamell hart geworden ist, kann's ans Genießen gehen!

Gebratene Physalis mit Mango

Dieses herrliche Dessert, das Sie noch mit Ananas-
stücken oder Passionsfruchtmark anreichern
können, eignet sich auch als fruchtige Beilage zu
Entenbrust oder Foie gras.

FÜR 2 PERSONEN
ZUBEREITUNG: 15 Minuten • KOCHZEIT: 10–12 Minuten

30 Physalis • 1 nicht zu reife Mango • 1 Vanilleschote • 30 g mild gesalzene Butter
• 1 EL Honig

Die Physalis von den Hüllen befreien, waschen und trocken tupfen.
Die Mango schälen und das Fruchtfleisch in kleine Würfel schneiden. Die Vanilleschote der Länge nach aufschlitzen und das Mark
herausschaben.

Die Butter in einer Sauteuse zerlassen. Physalis, Mango, Vanillemark und Honig hineingeben und 10–12 Minuten bei geringer Hitze
köcheln lassen.

Sehr heiß mit Vanilleeis oder Mandelmilch servieren.

Kaki-Birnen-Suppe mit Sternanis

Wählen Sie beim Einkauf von Kakifrüchten möglichst sehr reife Exemplare aus. Denn die Früchte werden mit zunehmender Reife immer süßer und schmecken dann besser.

FÜR 4 PERSONEN
ZUBEREITUNG: 20 Minuten • KOCHZEIT: 20 – 25 Minuten

600 g Zucker • Saft von 1 Zitrone • 3 Sternanis • 1 Vanilleschote • 1 Zimtstange • 3 Kakifrüchte • 1 Birne (Williams Christ)

Den Zucker mit 1 Liter Wasser, Zitronensaft und Gewürzen in eine große Kasserolle geben, umrühren, bei geringer Hitze aufkochen und 10 Minuten kochen lassen.

Inzwischen die Früchte waschen und die Birne schälen und entkernen. Die Früchte anschließend möglichst gleichmäßig in sehr kleine Würfel schneiden.

Sobald der Sirup eindickt, die Fruchtwürfel hinzufügen und 10 – 15 Minuten bei geringer Hitze köcheln lassen.

Die Gewürze entfernen. Die Früchte mit dem Sirup auf kleine Schalen verteilen und lauwarm oder gut gekühlt servieren.

Gebratene Fuyus mit Ahornsirup

Fuyu ist der Name einer nicht adstringierenden
Kakisorte. Mit Ahornsirup kurz gebraten
bleibt das Fruchtfleisch schön fest und saugt sich
mit Zucker voll.

FÜR 4 PERSONEN
ZUBEREITUNG: 10 Minuten • KOCHZEIT: 10 Minuten

6 nicht zu reife Fuyus • 20 g mild gesalzene Butter • 4 EL Ahornsirup

Die Fuyus waschen, abtrocknen und in etwa ½ Zentimeter dicke
Scheiben schneiden.

Die Butter in einer großen Pfanne zerlassen, die Fuyus hineingeben
und mit dem Ahornsirup beträufeln. Die Scheiben auf jeder Seite
in 4–5 Minuten goldgelb braten und sofort servieren.

Die Fuyus mit einer Haselnussschlagsahne als Dessert oder mit
einer Scheibe kurz gebratener Foie gras als Vorspeise servieren.

REZEPTREGISTER

HIER FINDEN SIE DIE VORGESTELLTEN ALTEN GEMÜSE- UND OBSTSORTEN IN ALPHABETISCHER REIHENFOLGE MIT DEN DAZU PASSENDEN REZEPTEN.

Dank an Robert und Lyliane Abraham für die vielen neuen Ideen und das
sorgfältige Korrekturlesen. Dank an Valérie für ihr unerschütterliches
Vertrauen und natürlich auch für ihr Talent, und dafür, dass sie sich um den
ganzen Alltagskram gekümmert hat. Dank an Nadia Romé und
Robert Abraham, durch die ich diese herrlichen Gemüse erst kennengelernt
habe und die mich auf den Geschmack gebracht haben.

Dank an Sylvie d'Hédonie für die Recherchen, an die Firma
Haut comme 3 pommes für ihr Entgegenkommen und nicht zuletzt an
Joël Thiebault für das fabelhafte Gemüse, die guten Tipps und die
hinreißenden Anekdoten.

Dank an Peintures Ressources für die wunderbaren Farben,
an Christiane Perrochon, Isabelle de Margerie und Ulrike Weiss für das
herrliche Geschirr.

Unser Verlagsprogramm finden Sie
unter www.christian-verlag.de

Übersetzung aus dem Französischen:
Barbara Holle
Textredaktion: Monika Judä
Korrektur: Petra Tröger
Satz: Studio Fink, Krailling
Umschlaggestaltung: Caroline Daphne
Georgiads, Daphne Design
Herstellung: Bettina Schippel

Copyright © 2012 für die deutsch-
sprachige Ausgabe: Christian Verlag
GmbH, München

Die Originalausgabe mit dem Titel
Légumes et fruits oubliés wurde erstmals
2011 im Verlag Éditions Larousse, Paris,
veröffentlicht.

Copyright ©: Éditions Larousse

Die Deutsche Nationalbibliothek
verzeichnet diese Publikation in der
Deutschen Nationalbibliografie;
detaillierte bibliografische Daten sind
im Internet über
http://dnb.d-nb.de abrufbar.

Druck und Bindung: Printer Trento
Printed in Italy

Alle deutschsprachigen Rechte
vorbehalten.

ISBN 978-3-86244-190-7

Alle Angaben in diesem Werk wurden
von der Autorin sorgfältig recherchiert
und auf den aktuellen Stand gebracht
sowie vom Verlag geprüft. Für die
Richtigkeit der Angaben kann jedoch
keinerlei Haftung übernommen werden.
Für Hinweise und Anregungen sind
wir jederzeit dankbar. Bitte richten Sie
diese an:
Christian Verlag
Postfach 400209
80702 München
E-Mail: lektorat@verlagshaus.de